Rudolf Huch

Die Tragödie Bismarck: Otto von Bismarck – Sein Leben, seine Persönlichkeit, seine Kämpfe

edition militaris

ISBN: 978-3-96389-016-1
Druck: edition militaris, 2018
Die edition militaris ist ein Imprint der Diplomica Verlag GmbH.

© edition militaris, 2018
http://www.diplomica-verlag.de
Printed in Germany
Alle Rechte vorbehalten.
Die edition militaris übernimmt keine juristische Verantwortung oder irgendeine Haftung für evtl. fehlerhafte Angaben und deren Folgen. Der Inhalt ist im historischen Kontext zu lesen.

Rudolf Huch

Die Tragödie Bismarck
Otto von Bismarck – Sein Leben, seine
Persönlichkeit, seine Kämpfe. Biografie

Vorwort

Unter der Tragödie Bismarcks versteht man allgemein seine Entlassung, und das gewiß nicht ohne ein gewisses Recht. Die Überschrift meines Aufsatzes heißt aber: Die Tragödie Bismarck, nicht Bismarcks. Die Entlassung ist die Katastrophe in seinem Leben, aber eine Katastrophe ist für sich allein keine Tragödie. Bismarck hat sich viele Gedanken über zeitliche und ewige Dinge gemacht, über sein eigenes Wesen nur wenige. Hätte ihm gar jemand eine Analyse seiner selbst angesonnen, den hätte er in einer Art zurechtgewiesen, die sich bitter eingeprägt hätte. Sicherlich hätte er auch widersprochen, wenn ihn jemand eine tragische Gestalt genannt hätte, er hätte vielleicht geantwortet, tragisch wäre einzig seine Entlassung.

Trotzdem ahnt das heimlich lauschende Ohr in dem Rauschen und Klingen seiner großen und kleinen Welt einen leise schwingenden Ton, als hätte diesen bis zu der Katastrophe immer siegreichen Kämpfer des Lebens ein Gefühl seiner Tragik nie ganz verlassen.

Ihr nachzuspüren ist der Zweck meiner Betrachtung, ich wäre sonst nie auf den Einfall gekommen, über Bismarck zu schreiben. Aller=

dings gibt es heute viele, allzuviele, die sehr wenig von ihm wissen, und viele haben nicht die Muße, sich eingehend mit ihm zu beschäftigen; aber auch für solche ist reichlich gesorgt. Ich empfehle das Bismarckbuch von Erich Marcks, es ist nicht lang und doch erschöpfend, und es ist, heute nicht der kleinste Vorzug, einem schmalen Geldbeutel erschwinglich.

Ich selbst bin kein Wissenschaftler, meine Studie soll keine wissenschaftliche Arbeit sein. Aus Quellen konnte ich nicht schöpfen, neue Tatsachen soll man in meiner Studie nicht suchen. Es ist möglich, daß man mir hier und da einen Irrtum nachweisen wird, aber sicherlich keinen wesentlichen. Daß andere Meinungen möglich sind, gebe ich ohne weiteres zu, meine Auffassung ist persönlich.

Man wird mir vorwerfen, oder doch auffällig finden, daß ich Goethe viel genannt habe. Das ist mit Absicht geschehen, ich fand es reizvoll, die beiden großen Gestirne am deutschen Himmel zuweilen gegeneinander zu stellen.

Die Nachwelt kann das Bild Bismarcks im wesentlichen nicht durch Haß und Gunst entstellen, er ist für das Wallensteinschicksal zu groß. Dagegen zeigt sich an ihm deutlicher als an andern überragenden Erscheinungen die Eigentümlichkeit der meisten Menschen, daß sie die große Gestalt in aller Unschuld als eine Steigerung des eigenen Wesens ansehen. Will man diese Erscheinung im Bild haben, so betrachte man den hoch eleganten, nahezu geschniegelten Bundesgesandten von Bismarck aus 1858, wie ihn Becker gemalt hat, eins der Bismarckbildnisse von Lenbach, wo er ganz Auge geworden ist, und dagegen das Hamburger Denkmal. Auch das ist ja Bismarck, freilich in ein Symbol gefaßt, aber doch eben Bismarck.

Man wundert sich auch bei dem Betrachten andrer Bildnisse von ihm, daß das immer derselbe Mensch sein soll, aber in Wahrheit müßte man sich wundern, wenn er immer derselbe wäre. Auch von Goethe, den ich mit andern Leuten als Gegenbild Bismarcks empfinde, gibt es Bildnisse, auf denen er kaum als der allbekannte Goethe zu erkennen ist. Einfache Menschen sind eben nicht eine Epoche im Geistesleben für sich allein, noch stürzen sie Throne und errichten ein Reich. Ob nicht auch die großen Tatmenschen der Vorzeit vielgestaltiger waren, als sie heute aussehen, lasse ich hier dahingestellt sein. Karl der Große war jedenfalls überraschend vielgestaltig.

Der kerngesunde Niedersachse kann es nicht fassen, daß Bismarck Nerven gehabt hat, und was für Nerven. Das Herz geht ihm auf, wenn er ihn als Reckengestalt sieht, auch als Hausvater mit der langen Pfeife und gar nicht am wenigsten wenn man ihm zeigt, wie er fremde Staatsmänner überlistet hat. Erzählt man ihm, daß Bismarck sich einmal genötigt gesehen hat, von der Rednertribüne abzutreten, weil er von Weinkrämpfen befallen war, so zieht sich der echte Niedersachse mißmutig in sich selbst zurück; das ist nicht sein Bismarck.

Daß Andre Bismarck anders sehen, erfährt man immer wieder, nur selten erlebt man es, daß jemand das erstaunlich Vielgestaltige dieser wunderbaren Erscheinung sieht und in ein Bild zusammenfaßt.

Auch der immerfort bis zum Ende strebende Faust bleibt freilich, was er ist, darin hat Goethe-Mephisto gewiß recht. Das Bewegte so gut wie das Bewegende ist immer das Ich, mit dem der Mensch auf die Welt gekommen ist. Was aber ist dies Ich? Ist es das Erbteil der Ahnen? Ohne Zweifel, aber das ist eine Eigenschaft, nicht das eigentliche Wesen. Das Ich ist - wir wissen nicht was, aber sicherlich ein Seiendes an sich. Je stärker in diesem Ich ein Streben eingepflanzt ist, desto merklicher werden sich seine Eigenschaften und wird sich seine Erscheinung im Leben wandeln.

Franz Krüger — Bismarck als Knabe

Es gibt ein offenbar vortreffliches Bildnis des elfjährigen Bismarck. Da ist er ein echter Junge, einen den man gern hat; ein rundes, frisches Gesicht, ein kräftiger, eigenwillig geschlossener Mund, ein großes, offenes Auge, dichtes, der Bürste ungehorsames Haar. Sicherlich ein Junge, der sich gern haut, dazu eine niedliche, verhaltene Schelmerei im Auge. Niemand würde in diesem prächtigen Jungen etwas Außerordentliches vermuten, weder einen überragenden Geist noch eine Bismärckische Dämonie.

Dann gibt es ein Aquarell des Zwanzigjährigen, von Gustav von Keßel, das ebenfalls den Eindruck des Echten macht. Wollen wir offen sein, so müssen wir gestehen, daß wir diesen jungen Mann gar nicht gern haben. Geblieben sind von dem Knaben das starke, straff nach oben stehende Haar und ein Zug von Eigenwillen. Dagegen zeigt sich statt der Schelmerei im Auge ein spöttischer Zug um den Mund, das Auge erscheint ziemlich klein und der Blick ist kalt. Wäre man diesem Gesicht im Leben begegnet, so hätte man sich auf boshafte Bemerkungen oder doch sehr böse Gedanken gefaßt gemacht. Dazu sieht der junge Mann ein wenig verlebt aus. Die ganze Erscheinung wirkt wie eine Verneinung.

Auch hier zeigt sich nichts Außerordentliches. Kann sein, daß dem

Verneinenden bei Bismarck ein gehemmter Tatendrang zu Grunde liegt, jedenfalls ist es nun einmal so, daß es die Jugend um die zwanziger Jahre herum, wo sie in aller Regel noch nichts geleistet hat, bewußt ablehnt, Menschen und Leistungen anzuerkennen oder gar zu bewundern. Allerdings hat Bismarck später, als er ein vollgültiges Recht dazu hatte, von sich gesagt, daß die Fähigkeit zu bewundern nur mäßig in ihm ausgebildet sei, aber das ist dem Bildnis nicht anzusehen, da ist eben der spöttisch überlegene Zug, der sich in diesem Alter n i c h t s e l t e n findet. Es versteht sich von selbst, daß ein B i l d n i s allein nichts entscheidet, zuweilen offenbart es mehr von dem Maler als von dem Dargestellten. Allein was man von Bismarck aus diesen Jahren weiß und vorzüglich seine Briefe bestätigen den Eindruck. Zuweilen ahnt man hinter diesen Äußerungen einen verhaltenen Weltschmerz. Auch der ist in diesem Alter keineswegs selten und verträgt sich sehr wohl mit der spöttischen Überlegenheit. Wie das heute liegen mag, kann hier auf sich beruhen.

Wenn nun alles in allem aus den Jugendjahren Bismarcks so gut wie nichts für die Deutung dieses Großen zu gewinnen ist, wie steht es mit dem Erbteil?

Man versteht ja heute gern den g a n z e n Menschen als eine Synthese aus Erbgut und Umwelt, und es wäre sehr schön, wenn das möglich wäre. Die Folgerung wäre offenbar, daß man mittels der Zuchtwahl jede Menschensorte züchten könnte. Welche Fülle von Bismarcks, Goethes, Beethovens würden unsere Nachfahren erleben! Leider will der Weltgeist das nun einmal nicht haben. Vielleicht hat Goethe seine Absicht richtig verstanden, wenn er sagt, die Menschheit sollte nicht zu früh fertig werden.

Ernstlich, die Theorie, daß sich der ganze Mensch aus Vererbung und Umwelt erklären lasse, paßt in das Sowjetsystem. Sie macht aus dem Menschen eine Maschine und aus dem Überschwang der Schöpfung eine Logarithmentafel.

Fangen wir nun auch hier mit den Bildnissen an, es gibt von Bismarcks Eltern offenbar vortreffliche. Der Vater ist eine Erscheinung, nach der man heute wohl vergeblich suchen würde, ein Landedelmann von einer ausgestorbenen Art. Ein selbstbewußter, herrischer, gepflegter Aristokrat, kräftig und kerngesund, der Blick offen und fest. Einer, dem anzusehen ist, daß er die Jagd und eine gute Tafel liebt und ein Leben aus dem Vollen für sein angestammtes Recht hält.

Die Mutter ist eine schöne, zarte Frau, mit vornehmem Geschmack nach der Mode gekleidet, die Stirn auch im Rahmen der modischen Locken auffallend hoch, der Blick nachdenklich und kritisch, Nase und Lippen fein, alles in allem unverkennbar eine ziemlich verwöhnte Tochter aus einem höchst kultivierten, ansehnlichen Bürgerhause. Man glaubt ihr anzusehen, daß sie eine Rolle spielen will.

Schopenhauer meint, der Charakter vererbe sich vom Vater, der Verstand von der Mutter. Goethe scheint über sich selbst etwas Ähnliches auszusagen:

> Vom Vater hab ich die Statur,
> Der Stirne ernstes Führen,
> Vom Mütterchen die Frohnatur,
> Die Lust zum Fabulieren.

Bei ihm wäre also zwar nicht eigentlich der Verstand das mütterliche Erbteil, wohl aber das Höhere, der Geist, das Genie, dazu das Temperament.

Auf den ersten Anschein hin träfe die Theorie Schopenhauers einleuchtend auf Bismarck zu, aber so bequem wollen wir es uns lieber nicht machen. Diese Einteilung ist doch gar zu summarisch, so einfach liegt die Sache schon deshalb nicht, weil die Menschen in vielen, nach meinen Beobachtungen in den meisten Fällen mehr den Großeltern als den Eltern ähnlich sind. Es ist nun aber ganz unmöglich, eine Regel, geschweige denn ein Gesetz darüber aufstellen zu wollen, welchen von seinen vier Großeltern der Mensch in der Regel ähnelt. Beispiele für jeden Großelternteil findet jedermann bei seinen Bekannten in Fülle, wenn er Umschau hält.

Eine Gestalt wie Bismarck in geerbte Eigenschaften aufteilen zu wollen, ist nun gar ein aussichtsloses Beginnen. Es ist gewiß richtig, daß sein so erstaunlich hoch kultivierter Geist ohne die Vorfahren von der Mutterseite nicht denkbar wäre. Wenn seine Mutter eine echte Landedelfrau gewesen wäre, dann wäre ein ungewöhnlich begabter Sohn aus dieser Ehe allenfalls ein General geworden, oder ein Minister wie Alvensleben. Das ist aber nicht alles, was sich sagen läßt. Der so höchst persönliche Geist Bismarcks hat aber auch Züge, die dem kultivierten Bürgerhause fremd sind.

Es versteht sich von selbst, daß der Mensch kein vom Himmel gefallenes Geistwesen ist, kein Homunkulus und kein von dem transzendentalen Ich selbstherrlich geschaffenes Gebilde. Auch wenn dies sich schaffende Ich mehr als der kühnste aller Träume des Menschengeistes, wenn es eine Wirklichkeit sein sollte, ist es doch, um sich irdisch zu gestalten, auf die vorhandene Menschheit angewiesen. Auch der, dem die Götter die rätselhafte, gefahrvolle Flamme Genie gegeben haben, ist ein Geschöpf unter Geschöpfen, ein Glied in der nach der Vergangenheit endlosen Reihe der Ahnen. Vieles wird sich daraus ableiten lassen, unableitbar und jedem Erklären unzulänglich bleiben das Genie und der freie Wille. Wer diesen leugnet und wer das Genie für nichts andres als einen hohen Grad einer Begabung erklärt, soll diesen Aufsatz nicht lesen.

Bei dem Versuch, einen Menschen zu verstehen, darf man vor dem Letzten, dem Sein außerhalb von Ursache und Wirkung nicht Halt machen, ehe man alles Abzuleitende abgeleitet hat, wenn nicht von den nächsten Vorfahren, so von den Ahnen.

Bismarck ist von einer Dämonie durchs Leben gehetzt worden, die ihn zerstört hätte, wenn sie nicht rechtzeitig auf sein großes Ziel abgeleitet worden wäre. Woher stammt sie? Vom Vater gewiß nicht, der war so ganz ein Herr des behaglichen Lebensgenusses, daß er das Familiengut schlecht verwaltet hat.

Von der Mutter schon gar nicht. Ganz gewiß gibt es eine weibliche Dämonie, aber das Geltungsbedürfnis dieser Dame hat nichts mit Dämonie zu schaffen. Daß wir sie bei ihren Vorfahren nicht zu suchen haben, bedarf keiner Worte. Der Stand des höheren Beamten duldet keine sich forterbende Dämonie, er verbürgerlicht.

Der Urgroßvater Bismarck, dem der Kanzler im Äußeren geähnelt haben soll, ist als Rittmeister der Reserve in einer der Schlachten des großen Friedrich in Böhmen gefallen, sonst weiß man wohl nichts von ihm. Greifen wir weiter zurück.

Die Bismarcks sind märkischer Uradel, wie die Quitzows. Goethe läßt den alten Ritter sagen:

>Des Lebens Hälfte stürmt ich fort,
>Verdehnt die Hälft in Ruh.

Das ist gedichtet. Ich möchte annehmen, daß Goethe sich ein falsches Bild gemacht hat, ziemlich dasselbe, das sich wohl heute noch sehr viele Menschen von dem Leben dieser streitbaren, hochfahrenden Burgherren machen. Das Dehnen in Ruhe wird wohl kaum ihre Sache gewesen sein. Sie waren Gutsherren, Landwirte, aber man muß betonen: Herren! Hinter dem Pflug sind sie nicht geschritten, das überließen sie den Hörigen. Außer dem, was jeder Gutsherr tun muß, wenn sein Besitz nicht verfallen soll, war ihr Leben Jagd, Kampf und wieder Kampf. Wein haben sie getrunken, wenn sie ihn hatten, und das in vollen Zügen, und auch in bedenklicheren Freuden haben sie sich mit Skrupel sicherlich nicht beschwert; das hat aber ihre täglichen Übungen in Waffen nicht beeinträchtigt. Einen Herren hatten sie in Wahrheit nicht über sich, bis endlich der erste Hohenzoller in Brandenburg ihre Burgen brach, sofern sie sich nicht, die Nutzlosigkeit eines Widerstandes gegen die Kugeln der Faulen Grete einsehend, zähneknirschend ergaben. Diese Geschlechter waren ohne Zweifel von einer uns kaum vorstellbaren Dämonie besessen. Im Lauf der Jahrhunderte sind sie wohl mehr und mehr zu Gutsherren geworden, aber zu ritterlichen, deren jüngere Söhne den Offiziersadel bildeten und die stets bereit waren, wenn der König sie zu den Waffen rief. Bismarcks Urgroßvater hat getan, was sich für einen Bismarck von selbst verstand.

Bismarck selbst hat gelegentlich geäußert, er hätte seinem König

Es ist so leicht, so unfruchtbar, alles zu negieren ... und sicher zu sein, daß man nie auf die Probe gestellt werden kann, selbst zu versuchen, es besser zu machen

Bismarck

am liebſten mit der Waffe gedient, und er hat bei dem Zuſammen=
ſtoß, den er nach der Schlacht von Königgrätz mit ihm hatte, ernſtlich
daran gedacht, von ſeinem Amt zurückzutreten und in dem ferneren
Feldzug als Offizier zu dienen. Man wird ihm die Freude an der
Waffe ohne weiteres glauben. Die Armee war ihm nicht nur Grund=
lage ſeiner Politik, ſie war ihm um ihrer ſelbſt willen ans Herz ge=
wachſen. Es gehört zu dem Tragiſchen, was ihn am tiefſten getroffen
hat, daß er mehr als einmal grade mit den hohen Offizieren in
Zwiſt geriet. Sie ſperrten ſich dagegen, daß er in irgendeiner Weiſe
auf die Feldzüge als ſolche einwirkte, wobei ſie überſahen, daß auch
die glorreichſte Armee nicht um ihrer ſelbſt willen da iſt. Nichts hat
ihn in ſeinem an Kränkungen wahrlich nicht armen Leben bitterer
gekränkt, als daß ihn die Offiziere 1866 den Queſtenberg im Lager
nannten. Sie gingen damals und im Krieg von 1870 ſo weit, daß ſie
ihm gefliſſentlich Mitteilungen vorenthielten, die zu verlangen er
das ohne weiteres einleuchtende Recht hatte.

Im Krieg von 1870 ſtand er allein mit dem Kriegsminiſter von
Roon gegen die oberſte Heeresleitung, auch ſogar gegen Moltke. Bis=
marck und Roon verlangten Monate hindurch ohne Erfolg die Be=
ſchießung von Paris. Bismarck hatte zugleich gegen die weiblichen
Einwirkungen auf den König zu kämpfen, die dieſe Beſchießung für
eine Barbarei erklärten. Erſt nach einer langen Belagerung, die vielen
deutſchen Soldaten das Leben koſtete, drang die Meinung Bismarcks
durch. Es iſt übrigens keineswegs unzweifelhaft, ob ein Beſchießen
in damaligen Formen nicht menſchlicher war als ein Aushungern.

Auch in der Mitte der ſiebziger Jahre hatte Bismarck heftige
Kämpfe gegen hohe Offiziere zu beſtehen, die einen Präventivkrieg
gegen Frankreich verlangten. Bismarck wußte beſſer als ſie, daß wir

seinesgleichen hat, war die Voraussetzung und blieb die sichere Grundlage seines Handelns.

Der große Staatsmann als solcher hat dagegen sicherlich nichts von den Ahnen geerbt, auch nichts von denen mütterlicherseits. Ein tüchtiger und gewissenhafter Beamter von der feinsten Kultur ist alles andre als ein Staatsmann. Das war sein gottgegebenes Genie.

War in den Adern d e s M e n s c h e n ein Schuß von dem wilden Blut seiner Ahnen? Es traf auf die Bismarcks des vierzehnten und fünfzehnten Jahrhunderts ohne Zweifel zu, was ein Zeitgenosse in den bittern Vers gefaßt hat:

> Reiten und Rauben ist keine Schande,
> Das tun die Besten im deutschen Lande.

Sie waren Raubritter wie die Quitzows, wie der märkische Adel in der Gesamtheit. Ermöglicht hat ihnen das die im Reich eingerissene Unordnung. Der innere Grund war ursprünglich nicht eigentlich Habgier, die lag dem echten Ritter nicht im Blut. Handel und Gewerbe hatten die Städter reich gemacht. Die Ritter konnten in der Lebenshaltung nicht mit ihnen Schritt halten und fühlten sich in ihrer Stellung als erster Stand beeinträchtigt. Das war es. Kämpfe um Standesrechte sind immer unerbittlich gewesen. Die Ritter sind nicht sanft mit den Kaufmannshansen umgegangen, sie haben sich nichts daraus gemacht, die Pfeffersäcke und ihre Begleiter niederzumachen oder im Verlies jammervoll umkommen zu lassen. Das übrige taten die Fehden, die in den gesetzlosen Zeiten nie abgerissen sind. Die Raubritter sind ganz gewiß Menschen von einer Wildheit gewesen, die uns schaudern machen würde, wenn wir sie erlebten.

Erwerbssinn lag nicht in Bismarcks Natur, von Habgier zu schweigen. Er wußte den Wert des Geldes zu schätzen und verstand Haus zu halten, aber den Trieb zum Anhäufen des Geldes um des Geldes willen hat er nicht gekannt, wie er sich denn auch in der Zeit, wo er die durch den Vater zerrütteten Verhältnisse durch verständige und sparsame Verwaltung des Familiengutes in Ordnung brachte, in seiner Lebenshaltung nicht eingeschränkt hat. Seine in späteren Jahren großen Einnahmen hat er aber wesentlich zum Erwerb von G r u n d besitz verwandt.

Wie steht es nun mit der Wildheit? Es ist schwer vorstellbar, daß in diesem höchst kultivierten Weltmann, glänzenden Gesellschafter, immer beherrschten Staatsmann, ritterlichen Gatten und zärtlichen Vater ein Schuß von dem wilden Blut ferner Ahnen gepocht habe.

Bismarck berichtet mit der großartigen Unbekümmertheit, die er sich leisten konnte und die ihm anstand: Jemand hat ihn auf Pistolen gefordert. Im letzten Augenblick, als man einander schon gegenüberstand, wurde die Forderung zurückgenommen. Bismarck aber hat das nicht befriedigt, er hat eine Lust am Blutvergießen gespürt.

Einmal hat er geträumt, er hätte seine Tochter blutig geschlagen. Träume sind Schäume in dem, was wir erleben, nicht völlig in dem, was wir tun. Ich kann mir nicht denken, daß Bismarck seine Kinder körperlich gezüchtigt habe, und ganz gewiß hätte er im Wachen niemals ein Kind, geschweige sein eigenes, blutig geschlagen. Der Traum zeigt uns keineswegs immer, was wir in einer gewissen Lage tun würden, er enthüllt uns aber, was in unseren unbewußten Tiefen schläft. Beweisen läßt sich das freilich nicht, es rührt an letzte Dinge. Die zeitliche Verkörperung des überzeitlichen Kernes Bismarck hätte nie so gehandelt. Wenn er sich aber in einer andern Erscheinung verkörpert hätte?

Ich gebe zu, daß dieser ganze Gedankengang problematisch ist. Alles Metaphysische beiseite gelassen, wird mir indessen doch mancher darin zustimmen, daß der Traum uns, in gewiß seltenen Fällen, einen Blick in den Teil unsres Wesens tun läßt, der unterhalb unsres Wachtbewußtseins liegt und ohne den Traum vielleicht niemals in das Licht des Bewußtseins gelangt wäre. Indessen ist es ganz gut, daß die allermeisten Träume beim Erwachen vergessen sind. In die Abgründe des eigenen Ich zu blicken frommt nur Schwindelfreien.

Ein mir bekannter älterer Braunschweiger Spießbürger von der echtesten Sorte, der Bismarck wegen 1866 grollte, hatte sich aus Neugier einer der vielen Gesellschaftsreisen nach Friedrichsruh in den neunziger Jahren angeschlossen. Er hate einen Platz in unmittelbarer Nähe Bismarcks gefunden. Ich fragte, ob nicht wenigstens sein Auge Eindruck auf ihn gemacht hatte „Ja, sagte er, „furchtbar! Mir wurde angst und bange."

Andre haben dies mächtige Auge anders gesehen und hatten Recht. Ich glaube aber, daß dieser Spießer zwar kein Organ für das Herrliche hatte, aber anderseits nicht nur ein von seiner dürftigen Seele erzeugtes Gespenst gesehen hat. Eben weil das Wesentliche nicht für ihn vorhanden war, hat er den Dämon gespürt, das gefährliche Element, das gebändigt in der Tiefe lag.

Moritz Busch berichtet: Während des Feldzuges von 1870 ritt Bismarck einmal – ich weiß nicht mehr, wo es gewesen ist – zu seinem Quartier. Ein Trupp gefangener Franktireurs begegnete ihm. Er reckte sich im Sattel und schleuderte ihnen entgegen: „Vous n'êtes pas soldats, vous êtes des assains. Vous serez tous pendus!" Die Franktireurs wurden leichenblaß. Sie wurden nicht gehängt, aber sicherlich ist es Bismarck mindestens in dem Augenblick ernst gewesen. Ich bin überzeugt, wenn er seine Anwesenheit bei der Exekution für angemessen gehalten hätte, was natürlich nicht der Fall gewesen wäre, hätte er ohne eine Anwandlung des Erbarmens zugesehen.

Nach Bismarcks Tod kam mir eine französische Zeitschrift in die Hände. Ein geistreicher Franzose schrieb, das deutsche Volk hätte aus dem prachtvollen Königstiger einen zahmen Hauskater gemacht.

Als Napoleon sich ihm in Donchery gefangen gegeben hatte, nannte Bismarck ihn in einem Brief an seine Gattin den von Gottes gewaltiger Hand Niedergeworfenen.

Das entsprach durchaus seinem religiösen Glauben. Dennoch, ich kann mich irren, aber es ist mir, als hätte eine unbewußte Scheu vor der eignen Dämonie mitgewirkt. In Wahrheit war ja er es, der den Kaiser niedergeworfen hatte, er allein. Die Armee vollstreckte seinen Willen. Es versteht sich von selbst, daß ihm auch darin wie in seinem ganzen gewaltigen Lebenswerk die salus rei publicae das einzige Gesetz des Handelns war. Er hat ein Mittel gebraucht, das er für persönliche Zwecke nie angewandt hätte, er hat den Kaiser durch den unwiderstehlichen Charme, der ihm zu Gebote stand, für sich gewonnen und ihn getäuscht.

Jener Franzose, der ihn als geschmeidigen Königstiger gesehen hat, hat ihn nicht ohne eine innere Feindseligkeit, aber auch nicht ohne Bewunderung, einseitig, aber nicht falsch gesehen. Durch und durch falsch war wohl von allen Bildern, die sich die verschiedensten Menschen von Bismarck gemacht haben, nur eben das eine, dessen Symbol die lange Pfeife war. Die war ihm von Schwenninger verordnet und ist ihm nie etwas andres als ein unzulänglicher Ersatz der gewohnten Importe gewesen.

Es gab ein damals allbekanntes Bild, wo Bismarck als Schmiedemeister mit dem Schurzfell vor dem Amboß steht, um das Deutsche Reich zu schmieden. Das war entsetzlich.

Im Jahr 1863 drängte der König von Sachsen den König, späteren Kaiser Wilhelm, einen geplanten Fürstentag in Frankfurt am Main zu besuchen. Das hätte die Politik Bismarcks empfindlich durchkreuzt, vielleicht auch unmöglich gemacht. Die Gründe anzuführen, geht über den Rahmen dieses Aufsatzes hinaus, er soll die Politik nur soweit behandeln, wie es zum Verständnis der Tragödie Bismarck unumgänglich erforderlich ist.

Dem König Wilhelm ging es gegen die Natur, die Einladung von Königen und Fürsten abzulehnen. In einem langen Gespräch zwischen den beiden Monarchen und Bismarck erreichte dieser eine endgültige Absage. Als er ging, zerschlug er einen Teller mit Gläsern, der in einem Vorzimmer auf dem Tische stand. Er mußte etwas zertrümmern, schreibt er.

Wie ungeheuer, wie unerträglich muß die Spannung gewesen sein, die sich in diesem unwiderstehlichen Berserkertrieb zum Zerstören entlud! Welche übermenschliche Willenskraft gehörte dazu, in einem langen, für Bismarcks Lebenswerk entscheidenden, von beiden Seiten mit Leidenschaft geführten Streit den ehrerbietigen Ton festzuhalten, der in einem Gespräch mit Monarchen verlangt wurde, und den Bismarck immer gewahrt hat!

Etwas Gleichartiges hat sich in seiner langen Laufbahn oft und oft wiederholt. Immer wieder gab es Zusammenstöße zwischen Bismarck und seinem König und Kaiser, nicht am wenigsten durch die Einwirkungen der Kaiserin Augusta. Bismarck hat als der Königsmann, der er ganz war, den ehrerbietigen Ton immer festgehalten, aber nicht selten geschah es, daß er sich dann grollend fern hielt. Wenn Conrad Ferdinand Meyer das in seiner Zeitung las, gemahnte es ihn an Homers Ilias: Der Pelide zürnt im Gezelt.

Der Vergleich lag nahe. Bismarck erzählt, daß er als Schüler für Achill, nicht für Hektor Partei genommen hat. Nun haben freilich die Troer bei Homer im Anfang des Krieges verräterisch gehandelt, aber die Jugend nimmt sonst durchweg für Hektor Partei, der als Todgeweihter den ergreifenden Abschied von der Gattin und dem kleinen Sohn nimmt. Hier war doch wohl ein unbewußtes Gefühl der Wahlverwandtschaft im Spiel. Die Dämonie des Achill ist bei Homer überlebensgroß; es ist für uns unerträglich, daß er zur Sühne für den im Kampf erschlagenen Freund zwölf edle Troerjünglinge schlachtet, die seine Gefangenen sind.

In der Nacht aber, wo der alte Priamos heimlich zu ihm fährt und um die Leiche seines Sohnes bittet - die Schilderung ist eine der schönsten Blüten aller Dichtung -, zeigt er sich von einer überraschenden, um so ergreifenderen Zartheit.

Hier schon offenbart sich uns ein großes Stück der Tragödie Bismarck. Der derben Natur der wilden Ahnen schadete ihre Dämonie keineswegs, sie gehörte zu ihnen, es bestand kein Widerspruch zu andern Eigenschaften. Bismarck ist nicht ohne seine überlebensgroße Dämonie zu denken, er war aber zugleich ein höchst sensibler Mensch, und in seiner Liebe zu den Angehörigen und zur Natur ist eine wundervolle Zartheit. Musik wirkte so stark auf ihn, daß ihm bei einer gut gespielten Beethovenschen Sonate Tränen aufsteigen konnten.

Wie nur selten für einen Menschen war für ihn die - freilich immer nutzlose - Goethesche Warnung gesprochen:

>   Sei gefühllos!
>   Ein leicht bewegtes Herz
>   Ist ein elend Gut
>   Auf der wankenden Erde!

Dieser Widerspruch war unauflösbar. Er hat es bewirkt, daß Bismarck von den furchtbaren Gespanntheiten seiner beständigen Kämpfe um große Dinge, besonders derer gegen seinen König, den er nicht nur als getreuer Vasall, den er mit der ganzen Kraft seiner starken Seele geliebt hat, oft genug in einem solchen Grade zermürbt wurde, daß er schwer erkrankte. Erbrechen, Magenkrämpfe und sonstige Leiden haben ihn nach heftigen Aufregungen zuweilen Wochen lang auf dem Krankenlager festgehalten. Im Jahre 1874 fand ihn ein Besucher so geschwächt, daß er nicht ohne Hilfe auf den Beinen stehen konnte. Diese Zusammenbrüche sind immer erst nach der Beendigung solcher Kämpfe aufgetreten, während sie dauerten, hat er sich stets mit seiner gewaltigen Willenskraft aufrecht erhalten, und niemand konnte etwas andres in ihm sehen als den eisernen Kanzler.

Ein Amerikaner, der längere Zeit zu Besuch bei ihm war, hat sich gewundert, daß der „Mann von Blut und Eisen" der immer liebenswürdige Wirt und glänzende Gesellschafter war, und ihn schließlich gefragt, ob er wirklich der eiserne Kanzler wäre.

„Nein", hatte Bismarck erwidert, „das ist erzwungen."

An der Richtigkeit dieser Antwort ist kein Zweifel, und grade darin liegt nicht der geringste Teil von Bismarcks Größe, wie bei dem großen Friedrich darin, daß er ein Heldentum unter Überwindung seiner angeborenen Natur erzwungen hat. Es liegt mir fern, angeborenen Mut unterschätzen zu wollen, er ist etwas Herrliches; man fühlt Bismarck nach, wenn er schreibt, der Mut seines Königs habe etwas Begeisterndes gehabt. Bismarck selbst war von der Natur sowohl mit großen wie mit menschlich schönen Eigenschaften überreich ausgestattet. Was dem Menschen seine Würde vor den Geschöpfen verleiht, ist aber in dem Wort Goethes ausgesprochen:

Von der Gewalt, die alle Wesen bindet,
Befreit der Mensch sich, der sich überwindet.

Zur Tapferkeit brauchte sich Bismarck nicht zu zwingen, die war ihm wie seinem König angeboren, aber seine staatsmännische Arbeit hat er in einem beständigen Kampf gegen seine sensible Natur und anderseits gegen das in der Tiefe seines Wesens brodelnde vulkanische Element vollbracht. Jeder Beamte, der seine Arbeitskraft im Staatsdienst ausgibt, kann von sich sagen: **Patriae in serviendo consumor**, aber Bismarck, dessen Wahlspruch das Wort war, hatte ein andres Recht als jeder andre darin.

Er selbst hat das Zwiespältige seiner Natur tief empfunden. Er hat einmal in seiner bildhaften Art gesagt, Faust klage über zwei Seelen in seiner Brust, er aber beherberge eine ganze Menge, die sich miteinander zankten, es gehe zu wie in einer Republik.

Menschen, in deren Brust sich beständige Kämpfe abspielen, sind nicht für den Genuß des Lebens geschaffen, und wenn sie große Gestalten sind, wird ihr Leben zur Tragödie.

Goethe besaß nicht die Härte, die zu einer tragischen Gestalt gehört, aber wenn die Vielen, die ihn für einen Glücklichen der Erde gehalten, einen Tag in seiner Haut steckten und es nicht besonders günstig träfen, würden sie sich für dieses Glück bedanken. Jemand, der ihm in seinen späteren Jahren nahe gestanden hat, sagt, er hätte ihn manchmal in einer inneren Desperation getroffen. Er selbst sagt zu dem Schatten seines Werther:

> Zum Bleiben ich, zum Scheiden du erkoren,
> Gingst du voran - und hast nicht viel verloren.

Bismarck sagt, er hätte sich nur selten im Leben wahrhaft glücklich gefühlt, am glücklichsten vielleicht, als er seinen ersten Rehbock geschossen hätte.

Er hat gelegentlich zu seinem getreuen Mitarbeiter Lothar Bucher gesagt: „Glauben Sie mir, eine Wruke auf dem Feld ist mir lieber als Ihre ganze Politik!"

Auch an der Aufrichtigkeit dieses Wortes ist kein Zweifel, aber Bismarck hätte das geruhige Leben eines Landwirtes auf die Dauer so wenig ertragen wie Achill das Leben im Frauengemach. Die hohe Politik hat ihn zermürbt und war doch das Element, in dem er einzig leben konnte. Er ist beständig hin und her geworfen von der Sehnsucht nach dem friedlichen Leben auf dem Land und in der Familie, und von dem Drang zum Schaffen in der großen Welt.

Es ist gesagt, Bismarck habe sich im Lauf der Jahre vom Preußen in den Deutschen verwandelt. Das ist gewiß richtig. Sein im eigentlichen Sinn persönlicher Sieg war jedoch ohne Zweifel nicht der über Napoleon, der ihm vielmehr menschlich leid getan hat; das war der über Österreich in dem Streit um die Vorherrschaft. Der stolze

Preuße hat es die Frankfurter Jahre hindurch mit Zorn empfunden, daß der Österreicher mit vollem Erfolg als der einzige angesehen zu werden verlangte, der eine Großmacht vertrat. Bei den Sitzungen pflegte der Österreicher als einziger zu rauchen. Bismarck zündete sich mit der Miene der Selbstverständlichkeit ebenfalls eine Zigarre an; das erregte allgemeines Befremden. Nur ein kleiner Zug, gewiß, er ist aber kennzeichnend für die Gefühle Bismarcks Österreich gegenüber. Trotz alledem hat er im Jahre 1868, also nach dem Sieg von 1866 und auf der Höhe des Weltruhmes, in einem schönen Geburtstagsbrief an seine Schwester geschrieben: Man entwöhnt sich so spät von der Illusion, das Leben sollte nun bald angehen!

Das alles soll aber keineswegs besagen, daß Bismarck ein K o p f = h ä n g e r gewesen wäre. Vom derbsten Behagen am Essen, Trinken und Rauchen bis zu dem zartesten Hauch der Freude hat er das Gute und Schöne des Lebens voll ausgekostet. Die Wochen in dem paradiesischen Biarritz waren vielleicht die glücklichsten seines Lebens, sie müssen ein Leben im Paradiese gewesen sein. Da gab es das herrliche Gefühl der Genesung von Aktenstaub, Ärger und Krankheit, da gab es Baden in dem blauen, köstlich warmen Meer, da gab es über allem die offenbare und offenbar erwiderte Verliebtheit in die bezaubernde Fürstin Orloff. Man fühlt in seinen Briefen an die Gattin aus Biarritz die überschwengliche Lebensfreude und, niedlicherweise, einen ganz leisen, nur eben vernehmbaren Unterton von Gewissensbissen.

Seine Naturschilderungen, die er niemals für ein Publikum geschrieben hat, sind hier und überall die eines begnadeten Dichters.

Anderseits, wer ihn bei der Tafel beobachtet hat, schildert seinen

Appetit als - überlebensgroß, und auch seine Trunkfestigkeit muß sehr groß gewesen sein. Dabei hatte er die feinste Zunge für Speisen und Getränke von allen Arten und rauchte beständig schwere Importen, bis er sie im Alter nicht mehr vertrug.

Es ist eben nicht so, daß ein tragischer Mensch ein freudenarmes Leben führen oder ein trauriges Temperament haben müßte, ich möchte sagen, im Gegenteil. Tragisch ist der heroische Mensch im Kampf mit dem Schicksal, niemals der trübselige.

Bismarck hat von Beethovens Sonate Appassionata gesagt, in ihr sei das Ringen und Schluchzen eines ganzen Menschenlebens. Das wirkt zunächst ein wenig befremdend. Freilich, daß grade diese Sonate ein Lieblingswerk Bismarck's war, ist begreiflich genug. In ihr mutet alles überlebensgroß an, die dröhnenden Hammerschläge des Schicksals, die herrischen Trompetenstöße, der Sturm der Töne auf und ab über die ganze Tonreihe, der tragisch dithyrambische Schlußwirbel. An Ringen und Schluchzen aber gemahnt das wohl eigentlich nur einen - Bismarck. Diese Verbindung zwischen den Tönen und seinen Gedanken läßt ahnen, wie gewaltig, wie überlebensgroß seine Kämpfe gewesen sein müssen. Zum Glück ist ein solcher Mensch nicht geboren, auch wenn er das Gute und Schöne des Lebens in vollen Zügen genießt.

Fragen wir uns nun, inwieweit Menschen und Umwelt Bismarck geformt haben, so findet sich wenig. Seinen Vater hat er lieb gehabt, und sicher hat er von ihm reiten, schießen und sagen gelernt, nicht minder den Stolz des Landedelmannes aus altem Rittergeschlecht, das starke Lehnsmanngefühl und das Befehlen. Das ist aber wohl in Bausch und Bogen alles. Er selbst hat während des Krieges von

Silhouette Bismarcks als Göttinger Student

1870 seiner Tafelrunde gelegentlich erzählt, daß sein Vater statt: Ich sagte, gesagt hat: Ich jug. Es ist schwer vorstellbar, daß der Mann, der sechs Sprachen fließend gesprochen und die eigne als Meister beherrscht hat, von diesem Vater außer den ritterlichen Künsten etwas geerbt oder gelernt haben sollte. Gegen die Erziehung durch die Mutter hat er sich offenbar schon in früher Jugend innerlich aufgelehnt. In ihrem Lebensgefühl muß ein Zug von dem gewesen sein, was sich etwa unter dem Schlagwort Liberalismus zusammenfassen läßt. Dem war das Lebensgefühl des Sohnes entgegengesetzt und ist es geblieben. Wäre die Mutter eine echte Landedelfrau gewesen, so wäre das Verhältnis zwischen ihr und dem Sohn gewiß inniger gewesen, nur wäre der Sohn nicht - Bismarck geworden. Von Natur war der eiserne Kanzler liebebedürftig wie der Weichherzigste, aber erst in seiner Ehe wurde dies Bedürfnis voll befriedigt. Die Mutter hat ihm ihre besten Gaben vererbt, in seiner Sprache: das Kunkellehen, unmittelbar hat sie kaum auf ihn gewirkt.

Von der Schule spricht Bismarck im Eingang seiner Gedanken und Erinnerungen mit einer gewissen Nichtachtung, sie bezieht sich aber nur auf die damals in Berlin herrschenden republikanischen und pantheistischen Anschauungen. Soweit sich sein Charakter auf der Schule gebildet hat, ist das wohl mehr am Widerstand gegen sie geschehen, die unverlierbare Grundlage seiner Bildung hat ihm dagegen unverkennbar das humanistische Gymnasium gegeben.

Auf der Universität war er Student nur sehr nebenbei und mit sehr geringer Ausbeute Studierender. In seiner kurzen Beamtenlaufbahn hat er den Geschäftsbetrieb und den Amtsstil gelernt, sonst nichts. Der Amtsschimmel war allzu fromm für diesen Reiter.

Als er seine wilden Jahre hinter sich hatte, suchte ihn ein Kreis

von jungen Frauen und Männern zur Religion zu führen, aber erst
ein Todesfall, der ihn im tiefsten erschütterte, tat das Entscheidende.
Es hat etwas Verführerisches, anzunehmen, die Gattin hätte auf
sein Leben ähnlich eingewirkt wie Frau von Stein auf das Goethes:

> Tropftest Mäßigung dem heißen Blute,
> Richtetest den wilden, irren Lauf.

Das trifft aber nicht zu. Nötig war ihm freilich eine Frau wie
diese, es ist, als hätte sie der Weltgeist eigens für ihn geschaffen.
Sie stellte keine Ansprüche an ihn, die er nicht mit ganzem Herzen
erfüllt hätte, sie bereitete ihm, alles in allem genommen, den Frieden
eines schönen Familienlebens. Bismarck war keineswegs unempfäng=
lich für den Zauber schöner und geistvoller Frauen. Aber die pflegen
sich ihrer Gaben bewußt zu sein und wollen nicht im Schatten stehen,
auch nicht in dem des allerstärksten Lichtes. So ganz wie Johanna
von Puttkamer wäre eine Frau wie etwa die Orloff oder wie seine
Mutter nicht in ihm aufgegangen. Johanna war keineswegs be=
schränkt, aber ihr Herz war größer als ihr Geist. Das war es, was
er nötig hatte. Seine so tief gefühlte ungeheure Verantwortung,
das erregende Spiel um Kronen und Völkerschicksale, der aufreibende
Kampf gegen innere und äußere Feinde, die übermenschliche Arbeits=
leistung, das alles verlangte einen Ausgleich, die Pflege und Sorge
einer Frau, die ganz Gattin und Mutter war. Johanna hatte gar
keine Freude am gesellschaftlichen Treiben und war doch Weltdame
genug, um ihren Platz am Hof und in der ersten Gesellschaft, auch
der internationalen, mit der Sicherheit der Tochter einer alten Ari=
stokratenfamilie auszufüllen. Wie die Dinge damals lagen, war auch
das nötig, wenn Bismarck seinen Weg machen sollte.

Eingewirkt hat die Gattin aber nur darin auf ihn, daß sie seiner Religiosität die pietistische Färbung gab.

Als Goethe zu Frau von Stein kam, hatte er unsterbliche Werke geschaffen, der Mensch aber war ein werdender; Bismarck hatte bei seiner Verheiratung die Lehrjahre des Lebens hinter sich.

Wer konnte nun den Staatsmann lehren?

Die Antwort ist kurz: Niemand. Das konnte nur die Praxis. Von Menschen konnte der geborene Meister nichts lernen, er hatte sie in Wahrheit bei seinem Antritt schon alle überholt. Die große Politik war sein Element, er atmete in ihm wie der Adler in der Höhenluft.

Mit dem ehemaligen Staatsminister von Gerlach hat Bismarck lange Briefe über politische Grundsätze gewechselt; er hat den Briefwechsel als für ihn unersprießlich abgebrochen und hatte zweifach recht. Er konnte nichts von Gerlach lernen, und seine Sache war immer die Tat. Mit Theorien und sogenannten Ideen hat er sich nie abgegeben, damit hätte er das deutsche Reich nicht gegründet. Seine Taten waren immer planvoll, oft in Jahre langer, behutsamer Arbeit vorbereitet, aber das hat nichts mit Theorien und Ideen zu tun.

Als Abgeordneter hat er in Berlin das Zimmer mit Hans von Kleist=Retzow geteilt. Schon daraus ersieht man, wie innig diese Freundschaft gewesen ist, und die Briefe aus dieser Zeit atmen unverkennbar den warmen Ton echter Freundschaft. Kleist=Retzow, der später eine - ziemlich bescheidene Rolle in der Politik gespielt hat, vermochte Bismarck aber auf die Dauer nicht zu folgen. Auch hier waltet das tragische Element in seinem Leben; dieser Freund und so mancher andre grade von denen, mit denen er sich am engsten verbunden fühlte, haben ihn im Lauf der Zeit verlassen. Die Einsamkeit der alles überragenden Größe ist ihm keineswegs erspart geblieben. Bismarck ist als überzeugter Konservativer angetreten und ist es im innersten Wesen immer geblieben. Über die Doktrin hat er sich erhoben, und von den engen Bindungen der Partei hat er sich befreit; seine Losung war nicht die Partei, sie war einzig das Heil des Vaterlandes. Die alten Freunde blieben in diesen Bindungen befangen, waren auch wohl allzu einseitig auf den Vorteil des ländlichen Grundbesitzes bedacht. So unrecht sie hatten, indem sie ihm sein Verhalten als Abfall anrechneten, er hat schwer unter der Trennung gelitten. Seine Einsamkeit besteht nicht nur in der Idee, er hat sich mit zunehmendem Alter immer einsamer gefühlt.

Wie haben nun Umwelt und Leben auf ihn gewirkt?

Der spöttische Zug in dem Gesicht des Zwanzigjährigen sagt ohne Zweifel nichts Falsches aus. Wir aber, die wir uns aus unsrer eigenen Jugend dieser Periode spöttischer Überlegenheit erinnern, wissen aus der besten Quelle, die es geben kann, daß sie bei dem und jenem von uns wohl nicht unecht, aber problematisch war. Ich würde sie mit einem zugeklappten Visier vergleichen, wenn ein Visier den Beschützten auch gegen sich selbst geschützt hätte. Wir haben an unsre Überlegenheit geglaubt, aber für uns einzelne gab es einsame Stunden genug, wo wir an ihr und an unserer Gottähnlichkeit irre wurden, am Ende wohl verzweifelten. Bei Bismarck sind auch diese Reaktionen - überlebensgroß. Er hat in dieser Zeit von sich geschrieben, er würde entweder der größte Lump oder der erste Mann in Preußen werden. Das erleuchtet seinen Zustand wie ein Blitz, grell und erschreckend. Er fühlte das Erbe der wilden Ahnen, den Dämon, der einmal so oder so im großen wirken, eine Welt aufbauen oder zu Trümmern schlagen mußte.

Auch hier fühle ich mich an Goethe gemahnt. Er selbst ist es, von dem die Geister singen:

> Du haſt ſie zerſtört,
> Die ſchöne Welt,
> Sie ſtürzt, ſie zerfällt,
> Ein Halbgott hat ſie zerſchlagen.

Das iſt freilich nur die Welt, die ſein Inneres aufgebaut hatte, aber Goethe hat im Alter auch geſagt, er wäre unter gewiſſen Umſtänden jedes Verbrechens fähig geweſen.

Bismarck fand als Regierungsreferendar keine Aufgabe, die ſeinen Dämon zum Aufbauen getrieben hätte, vielmehr fand das Gewühl der Überlegenheit neue Nahrung, beſonders als er unter einem alten Beamten arbeitete, der in Routine verflacht war. In dieſer Zeit las er gern Byron. Der im tiefſten Grund an ſich verzweifelnde Menſch, der doch immer der ſtolze Lord blieb, war eben ſein Mann. Er führte ein wildes Leben ohne Freude. Ob die Zumutungen, die er ſeinem Körper ſtellte, den Grund zu den vielen ſpäteren Anfällen von Krankheit gelegt haben, weiß ich nicht, iſt auch belanglos. Hier lag nicht die Gefahr. Es war die Zeit der Kriſis, wo ſich entſcheiden mußte, ob ſich der in ihm arbeitende Dämon zum Zerſtören oder zum Aufbauen wenden würde. Eben im rechten Augenblick zeigte ihm ſein Stern, und man darf hinzufügen: der Stern des deutſchen Volkes die rechte Aufgabe. Man ſoll dieſe Arbeit nicht unterſchätzen: Es erforderte einen ganzen Mann, die großen Güter ſo zu verwalten, daß die zerrütteten Verhältniſſe der Familie Bismarck in Ordnung kamen. Er hat ſie gelöſt, und ich bin überzeugt, daß die Arbeit dieſer Jahre ſeine Vorſchule war. Es iſt in der Zeit, als die Konjunktur danach war, geiſtreich über Bismarck zu ſchreiben, von mehr als einem Schriftſteller weitläufig ausgeführt worden, der Staatsmann Bismarck ſei im Kern immer ein Großbauer geweſen.

Besonders war die Jagd ein beliebter Gegenstand des Vergleiches, wobei sich der Fuchs und der Dachs vortrefflich zu Bildern des Jesuiten und des wühlenden Parteiführers eigneten. Ich halte das für eine Gedankenspielerei. Man könnte ungefähr mit demselben Recht sagen, Bismarck wäre der geborene Generaldirektor gewesen. Die ganz gewiß erstaunliche Verschlagenheit des Politikers, seine Unerschöpflichkeit an Auskünften haben nichts mit den Listen des Jägers zu tun. Was Bismarck im vergleichsweise kleinen, ich sage nicht: gelernt, aber doch geübt hat, waren das Befehlen, die Ordnung und die Geduld. Diese ist Bismarck in seinem späteren Wirken sicherlich am schwersten gefallen. Er verdankt aber seine unerhörten Erfolge zu einem nicht geringen Teil eben der Geduld, mit der er seine Pläne langsam reifen ließ. Da liegt allerdings der Vergleich mit dem Landwirt nahe, der das Aufgehen, Wachsen und Reifen der Saat in Geduld abwartet. Das Befehlen hat Bismarck ohne Zweifel nur geübt, es lag ihm im Blut. Auch die Ordnung? Freilich, ein biedrer Landwirt wie alle andern war Bismarck, den man den tollen nannte, damals nicht. So machte er sich gern den uns zahmen Stadtmenschen - sagen wir: überlebensgroß anmutenden Spaß, einen Gast, der ihm zu lange schlief, zu wecken, indem er vom Garten aus mit einer Pistole durch das Fenster der Kammer an die Decke schoß. Die Verwaltung des Gutes hat aber nicht unter solchen und noch ganz andern Tollheiten gelitten, sie war gut und sparsam. Der tolle Junker wäre nicht zugleich der tüchtige Landwirt gewesen, hätte nicht das Gefühl für Ordnung in ihm gelegen, nur zeitweilig durch Unkraut und Gestrüpp überwuchert. Die Revolution von 1848 war ihm nicht nur wegen seiner monarchistischen Gesinnung, sie war ihm auch an sich selbst als Unordnung in tiefster Seele verhaßt. Aus diesem Gefühl erklärt sich sein Ingrimm wider die Franktireurs.

Auch sogar als Schüler stand er, anders als andre Knaben, auf Seiten der „Autorität", also der Ordnung: „Hermodius und Aristogeiton sowohl wie Brutus waren für mein kindliches Gefühl Verbrecher, und Tell ein Rebell und Mörder."

Es gibt zu denken, daß das große deutsche Dreigestirn Luther, Goethe, Bismarck dies tiefe Gefühl für Ordnung gehabt hat. Heißt doch der Teufel, von dessen leibhaftigem Dasein Luther überzeugt war, der Diabolos, der die Sache durcheinander Werfende. Der Widerwille gegen Unordnung brachte Luther bis zur Ungerechtigkeit gegen die Bauern auf, was mir, beiläufig bemerkt, noch heute nachwirkende Folgen gezeitigt zu haben scheint, und der Anblick der Unordnung in Rom gab den ersten Antrieb zu seiner Tat.

Als Goethe vom französischen Kriegsschauplatz abreiste, sah er unterwegs ein Ehepaar von französischen Soldaten belästigt. Er sprang aus dem Wagen und rettete das Paar durch sein Eingreifen, versteht sich unter eigener Gefahr. Er schreibt selbst, es wäre der Anblick der Unordnung gewesen, der ihn getrieben hätte. Ich habe das einmal in einem Aufsatz erwähnt, die Stelle wurde mir gestrichen, weil Goethe so nicht edel' genug erschien. Er war es gerade hier. Schiller faßt die Ordnung zu eng, wenn er sie den Piccolomini einen Schutz der Schwachen gegen die Bedränger nennen läßt. Sie ist das Göttliche, die aus dem Chaos sich bildende Gestalt, das wahrhaft Seiende gegen das Verneinende, gegen das Nichts. Ich bin überzeugt, daß man Bismarck nicht versteht, wenn man seinen elementaren Widerwillen gegen die Unordnung außer Acht läßt.

Trotz dieses Widerwillens hat er in den siebziger Jahren in Frankreich die Unordnung begünstigt. Man müßte das schon Macchiavellismus nennen, wenn er es nicht um des einen großen Zieles willen getan hätte, das er seit dem französischen Krieg bis zu seinem Abgang immer verfolgt hat: seinem Volk und damit Europa den Frieden zu erhalten. Französische Zeitungen waren es, die ihm nach seinem Tode das Zeugnis gaben, daß er Europa zwanzig Jahre hindurch den Frieden erhalten hatte. Deutsche Zeitungen, und keineswegs nur sozialdemokratische waren es, die Bismarck nach seinem Tode Jahrzehnte hindurch als Schreckensgestalt von Blut und Eisen und Napoleon, der Hekatomben von Menschen seinem Ehrgeiz geopfert hat, als Friedensengel malten. Das ist in der großen Tragödie ein widerliches Satyrspiel.

Neben der Bewirtschaftung des Gutes versah Bismarck das Amt des Deichhauptmannes, das man sich offenbar damals - ob heute noch weiß ich nicht - leicht oder schwer machen konnte. Bismarck hat es sich im vollen Bewußtsein großer Verantwortlichkeit schwer gemacht und sich selbst in ihm eingesetzt. Man muß seine packenden Schilderungen des Eisganges in den Briefen an die Braut und Gattin lesen. Bismarck hat seine eigenen Leistungen niemals verherrlicht, und am wenigsten ist es ihm der Braut und Gattin gegenüber darum zu tun. Dies Einsetzen seiner selbst im engen Bezirk mutet wie ein Vorspiel zu dem Drama seiner großen Taten an. Das Einsetzen ist ihm immer selbstverständlich geblieben. Alle denkbaren Folgen seiner Maßnahmen hat er bedacht, so unbedacht sie auch oft dem nicht Eingeweihten erscheinen mußten, und er hat immer nur ganz wenige, manchmal niemand eingeweiht; nur an die Folgen für ihn selbst hat er nie gedacht. Darin traf er sich mit seinem König. Das Gespräch zu zweien, worin er ihm von seinem Entschluß, die Krone niederzulegen, abgebracht hat, sollte man den Schülern in den Geschichtsstunden einprägen, es ist an sich selbst begeisternd und bedeutet eine entscheidende Wendung der deutschen Geschichte, wie ja nicht allzu selten in der Welt das Wichtigste, das eigentlich Bewegende in der Stille geschehen ist. Dem König hatten seine Damen und wohl auch andre Leute das Schicksal des sechzehnten Ludwig in Aussicht gestellt. Bismarck hat ihm gesagt, an den müsse er nicht denken, der mache keine gute Figur in der Geschichte, lieber an Karl den Ersten von England, der bekanntlich das Schaffot in ritterlicher Haltung bestiegen hat. Er hat dargelegt, wenn sie beide das Schicksal Karls des Ersten und Straffords, seines gleichfalls enthaupteten Ministers, treffen würde, dann würde auch das ein Tod auf dem Felde der Ehre sein. So hat er den König nach seinem eignen Ausdruck beim **porte épée** gefaßt, und er sagt, von diesem Augenblick an sei der bis dahin völlig niedergeschlagene König ein andrer geworden.

In den Gedanken und Erinnerungen schreibt Bismarck, die vollkommene Gleichgültigkeit seines Königs gegen persönliche Gefahr habe etwas Begeisterndes gehabt. Man darf ergänzen: Da, wo sie ein verwandtes Gefühl anrührte. Hohen persönlichen Mut haben Bismarck auch seine ärgsten Feinde nie bestritten. So war es auch mit Moltke und Roon, ganze Männer waren sie alle.

Bismarck hat während der sogenannten Konfliktjahre, also bis 1866, gegen die preußische Verfassung regiert, denn der Landtag hat die Ausgaben für die Armee Jahr für Jahr verweigert. Bismarck hat zwar nicht geglaubt, daß er im Fall des Unterliegens das Schaffot besteigen müßte, wohl aber, daß er im Zuchthause Wolle spinnen müßte und daß er seine Güter verlieren würde, ein ihm ohne Zweifel unerträglicheres Schicksal als der Tod auf dem Blutgerüst.

Das Leben auf der Scholle bedeutet aber für Bismarck noch mehr als eine Vorschule. Wäre er als ein Stadtkind aufgewachsen und nicht immer wieder zur Scholle zurückgekehrt, so hätte der Staatsmann nicht diese herrliche Lebensnähe gehabt, worin er der echte Germane war. Mögen die Gelehrten die Begriffe Romanisch und Germanisch ablehnen, die W i r k l i c h k e i t, d i e i m m e r g e g e n d i e T h e o r i e n recht hat, sagt es anders. Für Bismarck waren die Menschen und Völker nicht wie für die romanischen Staatsmänner Figuren auf dem Schachbrett. Nicht am wenigsten damit sind seine unerhörten Erfolge zu erklären, daß er die Völker und die Einzelnen lebendig erfaßt, ihre Art beobachtet und erkannt hat. Er wußte, wie er den Selbstbeherrscher aller Reußen, wie er Thiers und wie er Napoleon zu nehmen hatte, und die unerreichte Meisterschaft in der Behandlung der Franzosen nach 1871 verdankt er wesentlich dem Umstand, daß er bei jeder einzelnen Maßnahme, bei jeder Meinung an die deutsche Botschaft in Paris die so sehr merkwürdige französische Eigenart berücksichtigt hat.

Noch stärker wirkte diese Lebensnähe in seiner inneren Politik. Es ist richtig, daß er als Reichskanzler die Parteien im ganzen wie Figuren auf dem Schachbrett gegeneinander ausgespielt hat, und das immer mit seiner unerreichbaren Meisterhand, aber nicht, weil er sie nur von außen gesehen, im Gegenteil, weil er sie allzu gut gekannt hat. Wesentlich war auch hier, daß Bismarck immer das Gegenteil eines Doktrinärs gewesen ist, daß ihm die Doktrinen der Parteien gleichgültig waren. So war er weder Freihändler noch Schutzzöllner aus Grundsatz, das waren ihm praktische Maßnahmen, die man je nach Bedarf treffen oder unterlassen konnte. Heute denkt man wohl ziemlich allgemein so, damals waren das Gegensätze wie Liberal und Konservativ.

In diesem Verstehen der Menschen ist nun freilich eine Fehlstelle, und eine, die im Laufe der Zeit schwere Folgen gezeitigt hat. Er hat die Art und die Bedürfnisse des Kaufmannes, des Reeders, des Industriellen, des Landmannes vom Großgrundbesitzer bis zum Knecht und dem ländlichen Tagelöhner verstanden; nur zu dem Fabrikarbeiter hat er nie ein Verhältnis gefunden. Ich denke nicht daran, Bismarck einen Vorwurf zu machen. Das überlasse ich denen, die finden, er hätte seine Sache recht gut gemacht, aber sie selbst würden sie noch viel besser gemacht haben; es gibt solche Klugen. In Wahrheit sind die Leute, die an dem Lebenswerk Bismarcks dies und das auszusetzen haben, die Ahnungslosesten von allen, sie sehen die Schwierigkeiten nicht. Das ist immer ein Kennzeichen des echten

Laien. Es ist leicht, von einem fertigen Werk zu sagen: Dies und das hätte noch besser gemacht werden können! Viel schwieriger ist es, sich in die Lage des Schaffenden zu versetzen, was doch zur Würdigung seiner Leistung unumgänglich erforderlich ist.

Die Fremdheit zwischen Bismarck und der Arbeiterschaft war ein Verhängnis, es konnte nicht anders sein. Auf dem Lande waren im allgemeinen gesunde Verhältnisse, auch die Tagelöhner waren zufrieden. Daß es sich hier und da schon damals anders verhielt, das lag in der Unvollkommenheit aller menschlichen Dinge begründet; daß es dann vielfach anders wurde, lag nach meiner Überzeugung wesentlich daran, daß reich gewordene Kaufleute und Industrielle sich oder ihren Söhnen Landgüter kauften, wo denn auch bei dem besten Willen auf beiden Seiten doch die innere Gemeinschaft fehlte, auf die zuletzt alles ankommt.

Das Verhältnis Bismarcks zu seinen Leuten war so, daß sie jammerten, als er sich genötigt sah, Varzin zu verpachten. Nun fand er in Berlin die unzufriedenen und undisziplinierten Fabrikarbeiter, die damals ein echtes Großstadtproletariat bildeten und ihm wie die verkörperte Unordnung erscheinen mußten. Es muß anerkannt werden, daß die Sozialdemokratie in ihren Anfängen die Arbeiter an Ordnung gewöhnt hat, welche Ziele auch die einzelnen Führer gehabt haben mögen.

Ein kleiner Vorfall aus den achtziger Jahren ist mir erinnerlich, der damals von der ganzen Presse berichtet wurde: Moltke wurde bei dem Eintritt in das Reichsgerichtsgebäude von einem Arbeiter rüde beiseite gestoßen, so daß ihm der Hut vom Kopfe fiel. Ein sozialdemokratischer Abgeordneter eilte herbei, hob den Hut auf und sprach sein Bedauern aus. Moltke sagte mit einem Lächeln: „Das war kein Organisierter!" Der feine alte Feldmarschall wußte immer sehr genau, was er sagte.

Nun konnte und sollte diese Ordnung aber keineswegs die Arbeiter Bismarck näher bringen. Daß er ihnen dennoch die Schutzgesetz= gebung gebracht hat, ehrt ihn doppelt, es ist keins der geringsten Blätter in seinem überreichen Ruhmeskranz. Sie war gewiß noch unzureichend, aber sie war die erste wirkliche Arbeiterschutzgesetz= gebung überhaupt, also eine Großtat.

Dank hat Bismarck nicht davon gehabt. Die Arbeiter mochten fühlen, daß er die Gesetze in Erfüllung seiner Pflicht gab, um der salus reipublicae willen, die ihm stets das oberste Gesetz war, nicht aus Wohlwollen für sie. Das meiste tat allerdings die Verhetzung, ohne die es kein Demagoge in der Welt jemals getan hat noch tun wird.

Auch darin war Bismarck der echte Sohn der Scholle, daß er ein wahrhaftiger und bei aller Zwiespältigkeit doch wieder einfacher Mensch war. Meine Leser werden darin keinen Widerspruch finden, daß er zugleich der verschlagenste Diplomat und Politiker seiner Zeit war. Die offenen und versteckten Feinde des Deutschen Reiches waren beständig in Unruhe, was dieser unheimliche, undurchdringliche Riese planen mochte, und oft genug hat er ihnen die unangenehmsten Überraschungen bereitet. Wer diese Verschlagenheit und Undurchdringlichkeit gar für undeutsch hält, der kennt den Deutschen nicht, den ich den Urdeutschen nennen möchte, den Niedersachsen. Das war Bismarck aber immer nur Mittel zu hohen Zwecken. Seine Ziele waren in der ganzen Zeit seiner Reichskanzlerschaft immer die einfachsten von der Welt. Wer sie wissen wollte, brauchte sich nur zu fragen, was dem Deutschen Reich und dem Weltfrieden frommte oder schadete. Da, wo er keine Zwecke verfolgte, wo er sich unmittelbar gab, in den Briefen an die Braut und Gattin, offenbart sich ein wahrhaftiger und man darf sagen: kindlich frommer Mensch. Wahrhaftig ist jemand, der nichts verbirgt. Hier, wo er ganz er selbst war, verbarg Bismarck schon deshalb nichts, weil er es nicht nötig hatte, er war nicht nur ein großer Staatsmann, er war auch ein großer, ganz echter Mensch. Man darf sagen, daß beides, anders als etwa bei einem Richelieu, untrennbar zusammenhängt. Das so höchst eigenartige, höchst persönliche Lebenswerk Bismarcks konnte der Staatsweisheit allein nicht gelingen, es war auch das Werk eines großen Menschen. Aus der Gesamtheit seiner Äußerungen gewinnt man das Bild eines Mannes, der auch vor sich selbst nichts verbirgt, der vor dem gefährlichen Blick in sein Innerstes nicht zurückscheut. Ich erinnere daran, daß er unbekümmert eingesteht, nach dem nicht zustande gekommenen Pistolenduell einen Drang zum Töten gefühlt zu haben. Zuweilen hat er gebetet, Gott möchte seinen ungebärdigen Trotz, das heißt seine Dämonie von ihm nehmen, ein Gebet, das um seiner Sendung willen nicht gehört werden konnte.

Ein Senfft=Pilsach, ein alter Herr, der früher Bismarcks Gönner gewesen war, schrieb ihm im Jahre 1873 einen sicherlich aus treuem Herzen kommenden Brief, worin er ihn zu Demut und Buße ermahnte, damit sein Werk nicht Schaden litte. Er muß die Dämonie mit dem Grauen eines kindlichen Gemütes gespürt haben.

Anderseits verfügte Bismarck über alle Künste, die Menschen zu gewinnen, er konnte von einer bezaubernden Liebenswürdigkeit sein. Es ist vorgekommen, daß erklärte Gegner nach einer Zusammenkunft als begeisterte Verehrer von ihm gingen. Diese Künste hat er aber immer nur zu politischen, nie zu persönlichen Zwecken spielen lassen. Wenn er etwa in Biarritz mit der Fürstin Orloff „Unsinn machte", war er ganz er selbst, dem Augenblick hingegeben, ohne jede Spur von Berechnung.

Er war aber freilich auch ein Meister darin, Verletzendes zu sagen und durch Gesten kundzutun. Ich glaube, daß grade dies ein Wirken des Dämons in ihm war. Welche Wut muß in den ihm feindlichen

Wir können durch Liebe und Wohlwollen leicht bestochen werden – vielleicht zu leicht – aber durch Drohungen ganz gewiß nicht!

Bismarck

Abgeordneten während seiner Abgeordnetenzeit und während der Konfliktjahre gekocht haben, wenn er ihnen ohne die leiseste Spur einer Erregtheit in scharf geschliffenen Sätzen seine Verachtung aussprach, oder wenn er sich einmal während ihrer wohl einstudierten Bannflüche hinsetzte und die Zeitung las! Aber auch der Opposition im Reichstag hat er bittere Dinge gesagt, so hat er ihr einmal zugerufen: „Sie mögen tun und reden was Sie wollen, nur bilden Sie sich nicht ein, Sie könnten mir imponieren. Ganz Europa hat mir nicht imponiert!" Das wäre bei jedem andern Staatsmann Europas eine unerträgliche Renommisterei gewesen, er durfte es sagen. Viel kränkender als seine impulsiven Ausbrüche waren aber seine in der höflichsten Form gesprochenen Sarkasmen. Sein Sohn Herbert hat auf die Frage, ob sein Vater als Vorgesetzter zuweilen grob gewesen wäre, geantwortet: „Nein, grob war er wohl eigentlich nie, aber er hatte eine Art, höflich zu sein, die verletzender als Grobheit wirkte." Bismarck hat eben sehr hohe Ansprüche an Mitarbeiter und Gehilfen gestellt, und einige haben ihn bitter gehaßt; andre wären für ihn durchs Feuer gegangen. Ein Bismarck, der Student war und das Studentenleben ausgiebig und lange betrieb, wurde auf einem Familientag vom Kanzler mit den Worten empfangen: „Was, Du bist noch hier? Ich dachte, Du wärest längst in Amerika!" Das war echt Bismärckisch, eine schwere Drohung in der Form einer Neckerei. Es hieß in Wahrheit: Wenn du es so weiter treibst, schicken wir, das heißt der Familienrat, gegen den es gar kein Auflehnen gibt, dich nach Amerika! Wer in damaligen Zeiten als für die Heimat unbrauchbar nach Amerika geschickt wurde, ging in der Regel schnell zugrunde.

Schneidende Sarkasmen in freundlicher oder doch höflicher Form sind ganz gewiß nicht die Art, wie sich der Landedelmann ausdrückt, sie sind aber auch nicht die Ausdrucksform des hohen Beamten, sie sind - Bismarck. Es ist eine Groteske für sich, daß dieser Meister der Sprache, dieser grazile Plauderer auf der Rednerbühne, gegen dessen geschliffene Sätze sich die Reden der Gegner rauh und unbeholfen lasen, von ihnen und der ganzen liberalen Presse als unkultivierter Landmann in Stulpenstiefeln dargestellt wurde, und das mit Erfolg. Der Deutsche weiß ja nur sehr selten zwischen leichter Form und Oberflächlichkeit zu unterscheiden, zwischen jener höchsten Herrschaft über das Wort, wo seine Handhabung zum Spiel wird, und der gehaltlosen Spielerei.

Wie fern diesem Eisernen alle Schwerfälligkeit lag, dafür ist bezeichnend, daß er sich - nicht, versteht sich, als Ministerpräsident in den Konfliktjahren, aber als Abgeordneter vor der Frankfurter Zeit - gern zu den Abgeordneten der Linken setzte, mit denen er in so grimmiger Fehde lag; er fand es da interessanter als bei seinen Konservativen. Diese Stockernsten haben auch sicherlich ebensowenig Sinn für seine geschliffenen Sätze gehabt wie die Gegner, ihnen war er der mannhafte Streiter in der vordersten Reihe, der bestgehaßte Kämpe gegen alles nicht Konservative. Wie ahnungslos nun gar die Gegner in der Konfliktzeit vor diesem Großen standen, beleuchtet ein kleiner Zwischenfall. Im Jahr 1863 sagte Virchow in seiner Kritik der Bismarckschen Behandlung der Angelegenheit Schleswig-Holstein, er hätte von nationaler Politik keine Ahnung. Als Bismarck ruhig erwiderte, diese Dinge verstände er besser als Virchow, erregte seine Antwort ein Hohngelächter im ganzen Hause. Mit welchen Gefühlen mag Virchow der Sache sich erinnert haben? Man sollte denken, schon diese eine Erinnerung hätte die Gegner bescheiden gemacht, aber grade diese Liberalsten der Liberalen sind sich immer gleich geblieben. An einer ihrer liebsten Ahnungslosigkeiten haben sie immer festgehalten: Soldaten im Frieden sind Öfen im Sommer! Von dem Haß, den die Presse wohl noch mehr als die Abgeordneten damals gegen ihn erregt hatte, und das in allen Schichten des Volkes außer der kleinen Zahl seiner Anhänger, macht man sich heute, wo ihm sein Platz auf der ersten Bank der Ruhmeshalle des deutschen Volkes längst nicht mehr bestritten wird, kaum eine Vorstellung. Nach einem zum Glück mißlungenen Attentat auf ihn erschien in einem viel gelesenen Blatt eine Zeichnung, wie der Teufel das Attentat mit dem Wort verhindert: Der gehört mir! In der schmutzigsten Form wurde er verhöhnt. Es sollte vorgekommen sein und ist vielleicht vorgekommen, daß er auf einer Bahnstation versehentlich längere Zeit im Abort eingeschlossen war. Das hat der Presse Gelegenheit zu den herrlichsten Witzen gegeben.

Die Leichtigkeit, das Unbekümmerte, das im letzten Grund auf innerer Sicherheit beruht und den Philistern von allen Sorten ewig unverständlich sein wird, vereint sich sehr wohl mit dem, was Bismarck selbst das Ringen und Schluchzen eines Menschenlebens genannt hat. Er hat so schwer wie die schwerste Natur an der ihm auferlegten Verantwortlichkeit getragen. Die Religion bedeutete in seinem Leben unendlich mehr als in dem so manches ewig Ernsthaften, er hätte die Verantwortlichkeit ohne sie nicht ertragen. Dabei hatte er doch ein tiefes Gefühl für das Fragwürdige alles Vergänglichen. Zuweilen lesen sich seine Worte wie die eines Propheten aus dem Alten Testament, so wenn er der Gattin schreibt: „Völker und Menschen, Torheit und Weisheit, Krieg und Frieden, sie kommen und gehen wie Wasserwogen, und das Meer bleibt."

Wäre Bismarck bescheiden im gewöhnlichen Sinn gewesen, so müßte man das im besten Fall eine Komödie vor ihm selbst nennen. Wer in aller Öffentlichkeit sagt, ganz Europa habe ihm nicht imponiert, ist das nicht. Um so ergreifender wirkt die Bescheidenheit vor der höheren Macht, vor dem persönlichen Gott, an den er fest geglaubt hat. An seinem siebzigsten Geburtstag sagte er dem Prediger, der ihn und die Gattin eingesegnet und von der über ihn ausgegossenen Gnade Gottes gesprochen hatte, mit Tränen im Auge: „Ja, es war viel Gnade dabei!" Einmal schreibt er: „Wenn der Staatsmann den Mantel Gottes durch die Ereignisse rauschen hört, so ist alles, was er tun kann, vorzuspringen und den Zipfel seines Gewandes zu erfassen."

Ein andermal: „In diesem Gewerbe lernt es sich, daß man so klug sein kann wie die Klugen dieser Welt und doch jederzeit in die nächste Minute geht wie ein Kind ins Dunkle."

Das große und berechtigte Selbstgefühl wirkte nur den Menschen gegenüber. Wenn er sich mit andern verglich, war kein Zweifel an seiner alles überragenden Größe möglich, anders erschien er sich selbst im Absoluten. Goethe konnte von sich sagen, und er sagt es in Wahrheit von sich:

> Es kann die Spur von meinen Erdentagen
> Nicht in Äonen untergehn!

Der große Dichter hatte vor dem großen Staatsmann ein Entscheidendes voraus. Sein Werk sah er als ein in sich abgeschlossenes Ganzes vor sich liegen, unvergänglich, so weit sich das von Menschenwerken sagen läßt, und in keinem Fall der Verschandelung ausgesetzt. Mittelbar wirkt auch ein großer Staatsmann auf Äonen, aber das liegt in einem weiten Feld und ist nicht greifbar. Abgeschlossen ist sein Werk im Grunde nie, und er weiß nicht, was Epigonen daraus machen werden. Bismarcks von keiner Illusion jemals getrübter Blick erkannte, welche Gefahren sein Werk, das Deutsche Reich, von allen Seiten umlauerten. Der vom Ausland belächelte und auch uns, seinen unbedingten Verehrern einigermaßen übertrieben erscheinende cauchemar des coalitions, die Besorgnis vor feindlichen Bündnissen, die dem Eisernen schlaflose Nächte machte, war nur zu begründet. Als Goethe den zweiten Teil des Faust beendet hatte, sagte er zu Eckermann, er brauchte nun eigentlich nichts mehr zu tun. Dies Gefühl: Du hast dein Werk vollbracht, nun kannst du beruhigt abscheiden, diese eigentliche Krönung des Schaffenden hat Bismarck nie kennen gelernt. Bis zum letzten Atemzuge hat ihm die Sorge um das Schicksal des deutschen Volkes auf der Seele gelegen, und er hat sie als eine getragen, die ihn näher als jeden andern anging.

Im Jahr 1860 schreibt die Gattin, ihre Wonne wäre es, in Schönhausen zu leben: „Da würde er gewiß wieder so stark und frisch werden wie vor zehn Jahren, als er eintrat in diese unleidliche Diplomatenwelt, die ihm gar nichts Gutes gebracht hat, nur Krankheit und Ärger ... Er wird's leider wohl nicht tun, weil er sich einbildet, dem teuren Vaterland seine Dienste schuldig zu sein."

So schreibt, man muß freilich wohl sagen: schrieb die echte Frau. Daß der Gatte und später auch die Söhne in den Krieg hinauszogen, war ihr selbstverständlich; daß der Gatte dem Wirken für das Vaterland Behagen und Gesundheit opferte, hielt sie für überflüssig. Der Brief, der natürlich nicht für die Öffentlichkeit bestimmt war, ist bezeichnend. Gewiß haben auch Tatendrang und Ehrgeiz Bismarck in die Politik hineingetrieben, und auf der Höhe seines Erfolges war sein Machtgefühl groß. Wie hätte es anders sein sollen? Im Lauf der Zeit wurde aber sein Pflichtgefühl, das Bewußtsein, daß er dem Vaterland nötig war, mehr und mehr vorherrschend. Im Innersten wohl und gesund hat er sich immer nur im Frieden seines Landsitzes gefühlt.

Sein Ehrgeiz war von Anfang an hoch gespannt, es war der Ehrgeiz von der edelsten Art, er hat nach dem unvergänglichen Ruhm, den einzig die große Leistung bringt, nicht nach dem Beifall der Masse gestrebt. Als er noch viel verkannt und angegriffen wurde, hat er gelegentlich geäußert, er würde noch einmal der populärste Mann in Deutschland sein. Das sagt niemand, dem daran liegt. Es mutet wie eine tragische Ironie an, daß ihn mit den Bitternissen der Absetzung in den ersten Jahren einzig seine sogenannte Popularität versöhnt hat; freilich war es Volkstümlichkeit im schönsten Sinn, es war die Liebe des deutschen Volkes. Sie hat ihn gelegentlich das erschütternde Wort sagen lassen, es müsse doch wohl etwas Gutes sein, was er geschaffen habe. Erschütternd, weil es ahnen läßt, mit welchen Zweifeln dieser Große innerlich gerungen hat, nachdem er die Weltbühne umgestaltet hatte, wie nahe er dem Verzagen vor Gott gewesen ist. Ein andermal hat er gesagt, sein Lebenswerk hätte weder ihn selbst noch seine Angehörigen und vielleicht überhaupt niemand glücklich gemacht.

William Shakespeare soll in dem Epilog seiner Komödie „Der Sturm" von der Bühne Abschied genommen haben, und so wird es wohl auch sein. Da heißt es: „Mein Ende ist Verzweiflung, wenn Gebet mich nicht erlöst."

Es pflegen nicht die kleinen Geister zu sein, die mit dem Zweifel an sich bis zur Verzweiflung ringen; die kleinen pflegen sich vielmehr eines nie getrübten Gefallens an sich zu erfreuen.

Wenn man es übrigens nicht wüßte, könnte man sich denken, daß Shakespeare mehr als Goethe der Dichter Bismarcks war. In höheren Jahren hat er allerdings nichts von der Tragödie überhaupt wissen wollen.

Wie war es möglich, daß ein Mensch mit diesem tiefen Verantwortungsgefühl, sensibel wie die zartest besaitete Künstlernatur, verletzbar in einem solchen Grade, daß ihn Ärger und Aufregung oft genug auf ein langes Krankenlager warfen, ein Menschenalter hindurch diese ungeheure Verantwortung ertrug, und das in einer Form, die ihm den Beinamen des Eisernen brachte? Daß er bis zu der Explosion von 1866 eine Politik betrieb, wie sie kein Staatsmann jemals verwegener betrieben hat? Haben ihn doch immer wieder nicht nur feindselige Menschen einen Hazardeur genannt, ein Vorwurf, der sein gutes Recht gehabt hätte, wenn Bismarck seine Pläne nicht mit dieser unfehlbaren Sicherheit auf die Weltlage und die Naturen der Staatsmänner, der Herrscher und der Völker aufgebaut hätte! Dabei lag in der Natur dieses angeblichen Hazardeurs das Hazardspiel so wenig, daß er sich nie daran beteiligt hat. Auch in Frankfurt, wo er das gesellschaftliche Treiben der Diplomaten mit bewußter Absicht wie ein geborener Salonlöwe mitgemacht hat und wo ziemlich in jeder Nacht gespielt wurde, hat er das immer abgelehnt: Seine Rolle würde es sein, hat er einmal gesagt, die Verlierenden auszulachen. Drei Kriege hat er entfesselt, und wäre einer von ihnen nicht mit einem entschiedenen Sieg ausgegangen, so wäre mehr zusammengebrochen als er selbst und seine Politik.

Noch unmittelbar vor seinem Abgang hat er sich mit einem Plan getragen, der keinem der früheren an Kühnheit nachstand.

Wie war das möglich?

Es ist eine bemerkenswerte Erscheinung, daß die großen Tat=
menschen oft haben, was die Aufgeklärten einen Aberglauben nennen, wäre es auch nur, wie bei Cäsar, der unerschütterliche Glaube an den eigenen Stern. Bei Bismarck war es die Religion. Ich würde den Bibelglauben Bismarcks niemals einen Aberglauben nennen, dazu ist mir die Weltanschauung, auf der sich die deutsche und die gesamte europäische Kultur aufgebaut hat, zu ehrwürdig, aber zu teilen vermag ich diesen Glauben nicht, und das vermag heute wohl aus innerster Überzeugung nur eine Minderzahl.

Bismarck pflegte vor großen Entscheidungen die Bibel oder ein Erbauungsbuch, das er beständig mit sich führt, aufzuschlagen und sich aus der aufgeschlagenen Stelle bestätigen zu lassen, daß er auf dem rechten Wege sei. Es will mir vorkommen, als hätte dies Orakel eine gewisse Ähnlichkeit mit dem des Delphischen Apollon, das man so oder so auslegen konnte. Bismarck war es der Mythos, dessen er bedurfte.

Anders sehe ich einen Traum an, den er im Jahr 1863 geträumt hat, in den Zeiten der schwersten Konflikte, aus denen nach seinem eignen Wort ein menschliches Auge keinen gangbaren Ausweg sah. Es lohnt sich, den Traum mit seinen Worten zu berichten: „Mir träumte, daß ich auf einem schmalen Alpenpfad ritt, rechts Abgrund, links Felsen. Der Pfad wurde schmaler, so daß das Pferd sich wei=
gerte, und Umkehr und Absitzen wegen Mangel an Platz unmöglich. Da schlug ich mit meiner Gerte in der linken Hand gegen die glatte Felswand und rief Gott an. Die Gerte wurde unendlich lang, die

Felswand stürzte wie eine Kulisse und eröffnete einen breiten Weg mit dem Blick auf Hügel und Waldland wie in Böhmen, preußische Truppen mit Fahnen."

Einen Traum wie diesen träumen nur Begnadete. Er bestätigt meinen Glauben, daß wir im Traum unserm Wesen gemäß handeln. Dies ist echt bismärckisch gehandelt. Ich glaube aber auch, daß den Traum die unbekannten Mächte gesandt haben, zu einer Zeit, wo Bismarck eine Ermutigung nötiger als jemals hatte. Die Zukunft hat er ja richtig verkündet, Bismarck hat 1866 die Landschaft, die Truppen, die Fahnen leibhaftig so gesehen. Möglich ist natürlich die Ansicht, der Traum wäre aus seinem Planen und Hoffen geboren. In Gleichnissen drückt sich der Traum immer aus, und warum sollte nicht die Seele eines Bismarck ein so wundervolles Bild wie dies gestalten? Streiten läßt sich über diese Dinge nicht. Ich für meine Person glaube, daß über den sehr wenigen zu einer unvergänglichen Lebensleistung Berufenen ein Genius waltet, oder wie man dies hohe Unbekannte nennen will, und daß von ihm auch jener Traum gekommen ist. In dies ganze rätselvolle Gebiet wird auch das Daimonion des Sokrates gehören, Bismarcks Aufschlagen von Bibelstellen wohl nur mittelbar. Das Unbekannte führt den Berufenen sicher durch das Labyrinth des Lebens mit seinen allenthalben auflauernden Gefahren. Im Mai 1866 gab ein gewisser Cohen aus nächster Nähe fünf Schüsse auf Bismarck ab, zwei trafen das Zeug, er blieb unverletzt. Das ist nicht das einzige Attentat geblieben.

In Varzin trat auf einem Spazierritt das Pferd Bismarcks in eine Vertiefung und überschlug sich nach vorn. Bismarck lag unter ihm, die Begleiter haben sich gewundert, daß er am Leben war.

Um das Glück und den Lebensgenuß des Berufenen kümmert sich das Walten dieses Genius dagegen nur so weit, wie es zu seiner Leistung durchaus nötig ist.

Eben jetzt ist wieder eine Gelegenheit, über den Bismarckschen Blick zu erstaunen, der wie ein magischer Seherblick anmutet und doch nichts weiter ist als ein allem Wirklichen geöffnetes Auge, aber allerdings das Auge eines Genies, wie es nicht jedes Jahrhundert erzeugt.

Man baut jetzt bekanntlich neben den Schlachtschiffen kleine Schnellboote, die Torpedos führen und schwer zu treffen sein werden. In Amerika nennt man das eine Moskitoflotte. Bismarck hat natürlich nicht etwa diese Entwicklung vorausgeahnt, die ja erst durch den Motor möglich geworden ist. Er hat aber doch zu Tirpitz gesagt, man möchte statt der vielen Linienschiffe lieber eine große Anzahl von kleinen Schiffen bauen, die die großen „wie die Hornissen" umschwärmen und ihnen die Geschosse „wie Stiche" beibringen sollten. Das ist echt bismärckisch. Er ist offenbar nicht durch eine konstruierende Überlegung auf den Einfall gekommen, vielmehr hat sich ihm ein Angriff der vielen kleinen Schiffe auf ein großes bildhaft gezeigt, wie sich ihm ein Menschenalter vorher im Traum die preußischen Truppen in Böhmen gezeigt haben.

Schopenhauer spricht von der scheinbaren Absichtlichkeit in den Schicksalen des Einzelnen, und es sieht hin und wieder so aus, als gäbe es eine verborgene Führung aller, der sich der Einzelne nur anzuvertrauen habe. Die Fürsorge des Unbekannten für die einzelnen ist freilich eine sehr fragwürdige Sache, im großen und ganzen scheint ihm verzweifelt wenig an ihnen zu liegen. Darum pflegen die Menschen mit Recht um so ängstlicher auf die Erhaltung ihres Lebens bedacht zu sein, je weniger sie in der Welt bedeuten, während ein Bismarck immer bereit war, sein Leben einzusetzen, und das nicht nur um seiner großen Ziele willen. So ist er einmal mit vollem Zeug ins Wasser gesprungen, um einen schon Untergegangenen mit eigener Lebensgefahr zu retten.

Bismarck seinerseits hat an einen Gott geglaubt, der ihn nach seiner höheren Weisheit am Leben erhalten oder zu sich nehmen würde, und dessen Fürsorge er sich im Leben nur gläubig anzuvertrauen habe, um auf dem rechten Wege zu bleiben. Mit dem Gottesbegriff irgendeiner Philosophie war ihm nicht geholfen, er mußte den Gott haben, zu dem er beten, dem er sich von Mund zu Mund aussprechen, den er bitten und dem er danken konnte wie David in den Psalmen. Es war nicht nur der mit sich selbst und seiner Lebensauffassung ringende, große Mensch, es war auch der echte Sohn der Scholle, und es war der in ihm wesende Dichter, der mit dem pantheistischen und gar mit dem nur begrifflich geforderten Gott nichts anfangen konnte, der nach einem wirklichen verlangte. Sein Genius hat ihm die Gattin zugeführt, die ihn das ganze Leben hindurch in diesem Glauben gestärkt hat. Ob es wahr ist, wie behauptet wird, daß er in seinen letzten Jahren, wo er ja wohl erst die Muße zu eigenem Denken über die letzten Dinge fand, zu andern Anschauungen gekommen ist, weiß ich nicht, wahrscheinlich ist es mir nicht. Jedenfalls hat er unmittelbar vor seinem Abscheiden ein gläubiges Gebet zum Himmel gesandt.

Bismarck war alles in allem auch in seiner Religiosität ganz er selbst, sein Denken war auch hier nicht abstrakt, sondern anschaulich. Bei aller Zwiespältigkeit, allen Widersprüchen mischten sich die Elemente in ihm zu einer Gestalt aus einem Gusse. Bezeichnend für sein bildhaftes Denken auch über die letzten Dinge ist, was er gelegentlich über die dem Guten in der Welt entgegenstehenden Hindernisse schreibt: „Gott sendet oft untergeordnete Geister als Oberpräsidenten zur Erde, die verderben die Sache." Damit war für ihn die Frage, wie und warum das Böse in die Welt gekommen sei, über die sich die Weisen aller Zeiten den Kopf zerbrochen haben, abgetan. Ich für mein Teil bin der Ansicht, daß in seiner Lösung jedenfalls mehr Weltweisheit ist als in jeder philosophischen.

Gewiß, Goethe sah das Problem befriedigender, indem er die Oberpräsidenten als die Kraft ansah, die stets das Böse will und stets das Gute schafft, wenn man auch hinter das Wort stets ein großes Fragezeichen setzen muß. Aber Goethe konnte in olympischer Muße über Gott und die Welt nachdenken, während sich Bismarck beständig an den Oberpräsidenten reiben mußte, und sie waren im großen und ganzen dieses Gegners nicht so würdig wie Mephisto des Faust. Es sieht sich heute vielfach wie eine Groteske an, welche Gestalten ein Bismarck als Gegner ernst zu nehmen hatte.

Im November 1861 hatte ein liberaler Europäer im Reichstag die Dummdreistigkeit, Bismarck den Rat zu geben, er solle sich auf die auswärtige Politik beschränken.

Immerhin ließe sich begründen, daß auch hier der Genius am Werk war, der Bismarck zur Größe führte, ohne auf seinen Lebensgenuß die mindeste Rücksicht zu nehmen, wie die Götter ja auch in dem tiefsinnigen Mythos Herakles ihrem großen Sohn außer den herrlichsten die unerfreulichsten Taten aufbürden. Diese endlosen Kämpfe, die Bismarck zermürbt haben, bilden in der Gesamtheit allein für sich eine Lebensleistung ohnegleichen. Sie haben ihn aber auch neben den gewaltigen Anforderungen der auswärtigen Politik davor bewahrt, in das geistverlassene Fahrwasser der Routine zu geraten. Wer seine Kunst so spielend beherrscht wie Bismarck, der ist dieser Gefahr ausgesetzt, wenn er nicht beständig Widerstände findet.

Vor der andern Gefahr, der Authadia, konnte ihn freilich am Ende keine Macht beschützen.

Zermürbt haben ihn die Kämpfe aber wirklich. Auch das Heer der Übel, unter denen er gelitten hat, mutet überlebensgroß an: Magenkrämpfe, galliges Erbrechen, Nesselsucht, Gürtelrose, Schreibkrampf, Rippenfellentzündung, Rheumatismus, Ischias, Schlaflosigkeit. Ich erinnere mich, daß man zuweilen in den Zeitungen las, der Reichskanzler habe sich zur Erholung auf seine Güter zurückgezogen. Man erfuhr aber nicht, daß der Eiserne, den man als kerngesunden Recken sah, schwer leidend im Bett lag. Es ist mehr als einmal vorgekommen, daß er das Gehen wieder lernen mußte. „Das arme kranke Huhn" hat ihn die Gattin einmal genannt.

Anderseits ist auch wieder das Bild von dem Recken keineswegs unrichtig. Als Jäger, Reiter, Schwimmer war Bismarck offenbar eine Kraftnatur, und auch den an ihn gestellten, oft sehr starken geselligen Anforderungen war er gewachsen wie einer. Überlebensgroß war aber auch seine Arbeitskraft. In Frankfurt hielt er es, wie schon erwähnt, aus guten Gründen für seine Pflicht, das heute kaum vorstellbare gesellige Treiben tagtäglich bis in die tiefe Nacht hinein mitzumachen, und seine Arbeitskraft hat das nicht im geringsten beeinträchtigt. Er schreibt einmal der Gattin, daß er von neun Uhr morgens bis acht Uhr abends in einem Zuge geschrieben hat, ohne etwas zu genießen.

Die Zusammenbrüche waren niemals die Folge von geistigen oder körperlichen Strapazen, an denen es in Bismarcks Leben wirklich nicht gefehlt hat, sie waren immer die von Ärger und Aufregungen. Die werden sich jedesmal allmählich angehäuft haben, obwohl die Erkrankungen explosionsartig auftraten, wie sich ja auch Explosionen in der mechanischen Welt langsam vorbereiten.

Man mag Bismarck sehen von welcher Seite man will, die Gestalt erscheint überlebensgroß.

Goethe zählt in einem kleinen Gedicht alle Eigenschaften auf, die er von seinen Vorfahren geerbt zu haben glaubt, und fragt am Schlusse, was denn an dem ganzen Kerl Original zu nennen sei. Das ist eine hübsche Pose, er weiß, daß der Leser antwortet: Das Genie.

Alle Versuche, das Genie als ein Erbteil, als eine bloße Steigerung der Gaben der Vorfahren erklären zu wollen, sind vergebens. Es könnte so scheinen, wenn man sich etwa an die Bach und Beethoven, auch an einige Maler hält. Aber unzählige ausübende Maler und Musiker haben begabte Vorfahren gehabt und sind doch keine Holbein und Beethoven geworden. Anderseits ist William Shake=

Wir sind nicht auf dieser Welt um zu genießen, sondern um unsere Schuldigkeit zu tun.

Bismarck

speare ein frappantes Beispiel, daß ein Genie plötzlich wie vom Himmel gefallen dasteht. So verhält es sich mit Bismarck. Daß er ein großer Staatsmann war, einer der allergrößten, die es jemals gegeben hat, weiß die Welt, und daß hier von keinem Erbe die Rede sein kann, ist augenscheinlich. Ist aber ein großer Staatsmann als solcher notwendigerweise ein Genie? Durchaus nicht, es gibt ihrer genug, die das ohne Zweifel nicht waren, ich nenne nur Richelieu, Cavour, Stein. Die großen Ziele, die klare Erkenntnis der Wege zu ihnen, die Stetigkeit und Willenskraft sind nicht Genie. Goethe beantwortet die Frage nach dem Wesen des Genies als Dichter, indem er den Knaben des Wagenlenkers sagen läßt: Bin die Verschwendung, bin die Poesie, und indem er den Plutus, den Gott des Reichtums, diesen Verschwender als seinen Sohn anerkennen läßt, Goethe wußte Bescheid. Aber auch Beethoven hatte nicht Unrecht, als er Genie den göttlichen Funken nannte und nicht weiter fragte. Will man es aber zergliedern, so ist es weder Tiefsinn noch Geistesgröße noch irgend etwas andres als Reichtum an Eingebung und Gestaltungskraft. In der Musik haben die Bach, Beethoven, Mozart, Schubert gemeinsam den überschwänglichen Reichtum an Einfällen, während selbst ein stark und eigenartig Begabter wie Chopin gegen sie an echten musikalischen Einfällen arm erscheint. Rembrandt ist ein bezeichnendes Beispiel in der Malerei, wobei ich selbstverständlich nicht an die Vielheit des Dargestellten denke, sondern an die malerischen Einfälle.

Man wird mir Genies entgegenhalten, deren Lebensleistung an Umfang klein ist. Bei Hölderlin, aber auch bei Conrad Ferdinand Meyer liegt der Fall so, daß eine verhältnismäßig kurze Periode überschwänglichen Schaffens eine lange Dämmerung unterbricht, bei andern glaube ich nicht an das Genie. Das einzige einigermaßen zuverläſſige Kennzeichen iſt allerdings wohl, daß die Werke des Genies früher oder ſpäter als ſolche erkannt und von Generationen aner= kannt werden.

Zu den ſchwerſten Rätſeln dieſer rätſelvollen Welt gehört es, daß ſich der unbekannte Demiurgos zu den echten Genies mit einer un= verkennbaren Vorliebe Söhne eines im abſinkenden Leben befind= lichen Geſchlechtes ausſucht. In der Regel zeigt ſich das Abſinken an körperlichen und ſeeliſchen Verfallserſcheinungen, hier und da auch nur an einem Nachlaſſen der wirtſchaftlichen Tätigkeit in einem bis dahin wirtſchaftlich tüchtigen Geſchlecht. Shakeſpeares Vater war ein wohlhabender Alderman und verarmte. Die ſchlechte Verwaltung durch Bismarcks Vater hätte den Verluſt des alten Stammgutes zur Folge gehabt, wenn es die kraftvolle Hand des Sohnes nicht er= halten hätte.

Das Genie unterſcheidet ſich unter anderm auch dadurch vom Talent, daß es ſeiner ſelbſt manchmal nicht bewußt wird. Es mag nicht unbegreiflich ſein, aber merkwürdig bleibt es doch, daß Bismarck ſich ſelbſt offenbar immer nur als den Staatsmann im engeren Sinn, als den Mann der großen Tat geſehen hat, während ihm das Geſchenk des Eros, der unerſchöpfliche Reichtum an funkelnden und blitzenden Einfällen im ganzen nur Mittel zu ſeinen ſtaatsmänniſchen Zwecken geweſen iſt. Es wird wohl bei ihm wie bei andern Genies das Müheloſe geweſen ſein, das ihn hier nichts Beſondres ſehen ließ. Er ſoll nicht am wenigſten auf ſeine Politik in der Schleswig-Holſteinſchen Frage ſtolz geweſen ſein, und wer ſich in die Lage zu verſetzen vermag, wie er dieſen Verhältniſſen gegenüber ſtand, wird geſtehen, daß er da ein Meiſterſtück vollbracht hat, dem in der Welt= geſchichte nur ganz wenige an die Seite zu ſtellen ſind. Er hat Oſter=

reich dahin gebracht, daß es an Preußens Seite kämpfen mußte, ohne auf irgendeinen Gewinn für sich rechnen zu können, und Dänemark, daß es einen Krieg führen mußte, den es nicht gewinnen konnte, alles, damit Schleswig-Holstein deutsch wurde. Das Ziel war, wie eigentlich wohl immer, bei ihm klar und einfach, aber nur für seine unerhörte Meisterschaft erreichbar.

Nun versetze man sich aber in seine Lage, wie er 1871 mit Thiers über den Frieden verhandelte. Die Verhandlungen wurden in französischer Sprache geführt, die Bismarck wie seine Muttersprache beherrschte, und in gutem Einvernehmen. Als er aber die Kriegsentschädigung von fünf Milliarden Francs verlangte, beiläufig bemerkt, für das reiche Frankreich ein Nichts gegen die Summe, die man 1918 dem verarmten Deutschland auferlegt hat, fiel Thiers aus der Rolle. Bismarck durfte und wollte sich das nicht gefallen lassen, anderseits aber Thiers, den er in Gesprächen mit andern seinen kleinen Freund nannte und an dessen guter Laune ihm liegen mußte, nicht verstimmen. Man mag sich wer weiß wie lange den Kopf zerbrechen, es wird einem nicht eine so glänzende Auskunft einfallen, wie sie Bismarck im Nu zur Hand hatte: er sprach deutsch und meinte, man zöge besser einen Dolmetscher zu, er verstände doch wohl nicht genug französisch. So schafft das Genie.

Es ist ein Vergnügen, in den Schriftstücken und Reden immer wieder diesen herrlich lebendigen Gleichnissen zu begegnen:

„Das Bedürfnis des Widerspruchs ist bei dem Deutschen in einem kaum glaublichen Grade entwickelt. Zeigen Sie ihm eine offene Tür! Statt hindurchzugehen, wird er darauf bestehen, daneben in die Mauer ein Loch brechen zu wollen . . . Wenn Gambetta zur Re=

gierung kommt, dann wird er auf die Nerven Europas wirken wie ein Mann, der in einem Krankenzimmer die Trommel schlägt... Die Hechte im europäischen Teich hindern uns, Karpfen zu werden." In Frankfurt: „Wenn ich in den Zeitungen die Berichte der preußischen Kammersitzungen lese, ist mir zumute wie einem rauflustigen Schmiedgesellen, der von weitem den Lärm einer Keilerei hört... Gagern hat mir eine Rede gehalten, als ob ich eine Volksversammlung wäre."

Wunderbar anschaulich ist auch das Gleichnis von der Forelle im Teich, die alle andern Fische gefressen hat und übergroß geworden ist; mit ihr vergleicht er die Politik, die seine andern geistigen Interessen aufgezehrt hat. Auch dies Wort gehört übrigens zu der Tragödie Bismarck.

So wenig wie der Mensch selbst, läßt sich der Stil der sehr Seltenen, die einen persönlichen Stil haben, im eigentlichen beschreiben. Auch das Imperatorische, das der Stil Bismarcks mit dem Napoleons, des großen Friedrich, Cäsars gemein hat, kann nur gefühlt werden. Bei ihm vereinigt es sich mit dem wundervoll Geschmeidigen. Diese beiden polaren Eigenschaften machen außer dem höchst persönlichen, nur zu fühlenden Etwas den unvergleichlichen Bismarckstil aus. Zufällig erinnere ich mich eines Zeitungsartikels aus der Bismarckzeit, worin ein andrer Artikel besprochen wurde. Da hieß es: „Ex ungue leonem, am Stil erkennt man den Fürsten Bismarck". Es war wirklich so, daß dieser Stil in jedem nur sachlichen Zeitungsartikel zu erkennen war, versteht sich für solche, die ein Organ dafür haben.

Gelegentlich hat Bismarck von der Inferiorität des Wortes gegen die Gedanken gesprochen. Er trifft sich hier mit Goethe: Sobald man spricht, beginnt man schon zu irren! Es sind die Meister der Sprache, die ihre Unzulänglichkeit am stärksten fühlen.

Die überwältigende Knappheit in den Randbemerkungen des alten Fritz haben die schriftlichen und mündlichen Auslassungen Bismarcks im allgemeinen nicht, aber sie haben anderseits nur ganz selten das Eisige des großen Menschenverächters von Sanssouci. Auch in Bismarck war eine tüchtige Portion Menschenverachtung, wie das ja wohl nicht anders sein konnte, und die eisige Schärfe war ihm nicht fremd; sie wirkte sicherlich nur um so verletzender, als er sie in die Form der Höflichkeit zu kleiden pflegte. Indessen geschah das doch sehr selten. Alle Anwandlungen des Erstarrens überflutete Bismarcks schöne Menschlichkeit. Er hätte die ungeheure Einsamkeit, die dem großen Friedrich im Alter zum Element wurde, nicht ertragen. So stark war sein Bedürfnis nach Menschen, daß er nicht allein sein konnte. Wo er auch weilt, wenn er allein ist, überkommt ihn das Gefühl der Öde, das Wotansche wild webende Bangen, das sich stets in der Sehnsucht nach Frau und Kindern äußert. Er findet Paris eine wunderbare Stadt, und dann wieder: „Den halben Tag über hatte ich Heimweh, die andre Hälfte fehlte mir die Zeit dazu."

Aber selbst im traulichen Friedrichsruh ließ er, als er einmal allein war, telegraphisch seinen Sohn Herbert kommen, weil er das Alleinsein nicht ertrug. Zuweilen wird das Heimweh so stark, daß es ihn nach seinem eignen Wort elend macht.

Wie eine starke Farbe ihre Komplementärfarbe, so fordert die Dämonie Bismarcks den Frieden des Hauses.

Der an königlichen und kaiserlichen Höfen heimische Weltmann, der Staatsmann, der einen Kaiserthron und einen Königsthron gestürzt, der Europa umgestaltet hat, der immer bereite, zuweilen streitlustige Kämpfer war auch der echte deutsche Familienvater, der sich am wohlsten am heimischen Herd unter den Seinen fühlte. Daß ihn von jeher mancher aufrichtige Verehrer am liebsten so gesehen hat, liegt im deutschen Wesen begründet. Wenn der Deutsche nicht sich selbst aufgeben will, muß er sich in alle Zukunft sein Familienleben ungeschmälert erhalten.

Frau von Bismarck hat im Alter gesagt: „Ich bin eine glückliche Frau gewesen!" Das war diese Frau ganz gewiß nicht als die Gattin des größten deutschen Staatsmannes, das war sie als die Ottos von Bismarck. In seinem unverwelklichen Lorbeerkranz ist dieser Ausspruch ein bescheidenes, aber sehr schönes Blatt.

Freilich, der urbehagliche Hausvater, den sich der Spießbürger denkt, war Bismarck nicht, er ist seiner Frau immer in Formen begegnet, die die seit Jahrzehnten veränderte Stellung der Frau inzwischen altmodisch gemacht hat, in den Formen der Ritterlichkeit. Dieser gute Familienvater war in einem solchen Maße das Gegenteil eines Philisters, daß er nicht nur den Philisterseelen oft unheimlich war. Es ist das unvergängliche Verdienst des alten Kaisers, daß er diesen oft mehr als unbequemen Minister und Kanzler gegen alle nie abreißenden Widerstände die Treue gehalten hat. Das Verdienst ist um so größer, da der aufmerksame Leser aus mehr als einem Schriftstück heraus fühlt, daß ihm selbst vor der Bismarckschen Dämonie gar nicht so selten gegraut hat. Geholfen hat ihm dabei das sehr starke Königsbewußtsein, das ihn nie verlassen hat, und es ist wiederum das Verdienst Bismarcks, daß er dies Gefühl immer geschont hat. Auch wo er der im Gezelt zürnende Pelide war, ist ihm der Kaiser immer sein Lehnsherr geblieben. Das Verhältnis zwischen diesen beiden Männern ist etwas ganz Wundervolles und hat in der Weltgeschichte nicht seines gleichen.

Zu den kühnsten und im echtesten Sinn genialsten unter Bismarcks Taten gehört die Emser Depesche. Es unterlag keinem Zweifel, daß es einmal zur kriegerischen Auseinandersetzung mit Frankreich kommen mußte. Frankreich wollte kein einiges, also starkes Deutschland neben sich dulden, am wenigsten unter preußischer Führung. Nun benutzten Napoleon und seine Minister die Wahl des Hohenzollernprinzen zum König von Spanien, um Preußen vor die Wahl zu stellen, den Krieg zu erklären, oder eine Demütigung hinzunehmen, die sein Ansehen in der Welt auf absehbare Zeit vernichten mußte. Bismarck bereitete den Krieg vor, indem er sich der Neutralität Rußlands und Englands versicherte. Da kam die Depesche des Königs aus Ems, mit der er die Pläne Bismarcks, ohne es zu ahnen, über den Haufen warf. Man muß das alles lesen, jeder Deutsche sollte es sich einprägen; das ist keine Arbeit, das Ganze liest sich wie eine Meisternovelle. Der Höhepunkt ist das Essen der drei Paladine bei Bismarck: Wie die Depesche eintrifft, wie alle drei, er selbst, Moltke und Roon nicht mehr essen mögen, und wie die Stimmung nach Bismarcks kühner Tat ins Gegenteil umschwingt. Bismarck hat der Depesche kein Wort zugesetzt und keins an ihr geändert, er hat sie nur gekürzt - und mit diesem Federstrich die Rollen umgekehrt: Frank=

reich mußte eine Demütigung hinnehmen, oder den Krieg erklären und damit in der Welt als Friedenstörer dastehen.

Es ist nicht zuviel gesagt, daß dieser Augenblick, dieser Federstrich, dieser Blitz des Genies eine Wende in der Geschichte Europas bedeutet. Es darf auch gesagt werden, daß sich das deutsche Volk des großen Augenblickes würdig zeigte. Das ganze Deutschland jubelte Bismarck zu, auch die großen Teile, die noch vor einer weltgeschichtlich winzigen Zeitspanne gegen Preußen in Waffen gestanden hatten.

Bismarck ist nie der Regisseur seiner Taten gewesen, die packenden Augenblicke ergaben sich von selbst. Einer davon, wohl der größte von allen, war der, als Bismarck im Bundestag die französische Kriegserklärung verlas. Ohne Verabredung erhoben sich die Abgeordneten wie ein Mann und sangen die Wacht am Rhein. In der Diplomatenloge preßte der greise Botschafter Amerikas tief erschüttert die Hände vors Gesicht.

Erst in späteren Jahren standen die Moralischen im Lande auf und bezichtigten Bismarck der Fälschung. Sie hatten, von allem Selbstverständlichen abgesehen, auch vor der strengen Moral Unrecht. Freilich, es wäre ein Jesuitenstreich, wollte man sich dahinter verkriechen, daß Bismarck die Depesche nur gekürzt, nicht im Wortsinn gefälscht hat; das kommt auf eins heraus. Aber es ist allerdings wirklich so, daß in der Politik Mittel mehr als erlaubt, daß sie unter Umständen geboten sind, deren sich ein Mann wie Bismarck im Privatleben nie bedienen würde.

Das nahe liegende Gegenstück zu der Emser Depesche ist die Erklärung Bethmann-Hollwegs am Beginn des Weltkrieges, daß der Einmarsch in Belgien ein Unrecht sei, eine Erklärung, die den Engländern hoch willkommen war. Sie hat ihnen wesentlich geholfen, den damals noch neutralen Ländern und besonders den Puritanern im eigenen Lande den Eintritt in den Krieg als ein Gott wohlgefälliges Werk hinzustellen. Man täte ganz gewiß Bethmann-Hollweg bitter Unrecht, wenn man ihn eines unsittlichen Verhaltens beschuldigen wollte, er meinte es grundehrlich, er war der Doktrinär gegenüber dem Staatsmann der Wirklichkeit. Das muß aber dann doch gesagt werden, daß auch die höhere Sittlichkeit bei Bismarck war. Dem Staatsmann ist es nicht erlaubt, über seine Absichten und Meinungen offen die Wahrheit zu sagen, wenn er wissen muß, daß diese Offenheit seinem Lande schadet. Sonst erwirbt er sich - vielleicht - in der Welt den Ruf eines ehrlichen Mannes auf Kosten seines Vaterlandes. Wer so handeln will, darf nicht leitender Staatsmann sein.

Vielleicht war Bethmann-Hollwegs Irrtum der, daß der Verehrer Kants, der er war, die Vernunft der Massen überschätzte. Wäre die Vernunft nicht, nach Schillers wahrem Wort, immer nur bei wenigen gewesen, so hätte seine Offenherzigkeit kaum etwas geschadet.

Bismarck hätte sich in Kant schwerlich zurecht gefunden; um so besser wußte er in der Welt der Wirklichkeit Bescheid, um so gründlicher kannte er besonders auch die Menschen. Darum hat er immer so meisterhaft mit dem gearbeitet, was er die Imponderabilien nannte.

Der große Augenblick, wo Bismarck die Kriegserklärung verlas, erhebt sich auch darin über die andern, weil sich gar kein Stachel für ihn darin verbarg. Wer konnte nach dem Sieg von Königgrätz ahnen, daß der Ministerpräsident, dessen Sieg es war wie keines andern, von dessen Ruhm die Welt widerhallte, einen Augenblick hatte, wo er sich überlegte, ob er sich aus dem Fenster eines hohen Turmes stürzen sollte? Daß ihm sein König die bitterste Kränkung antat, die er einem Lehnsmann wie diesem antun konnte, in dem offensichtlich ungerechten Vorwurf: „Mein Ministerpräsident läßt mich vor dem Feinde im Stich?"

Aber das bekannte Bild von Werner: „Die Kaiserwahl in Versailles" läßt sich künstlerisch sehr verschieden urteilen, aber so ähnlich mag sich die Szene in der Wirklichkeit wohl angesehen haben. Wer denkt nun aber, daß die eindrucksvollste Gestalt, der groß und wuchtig dastehende Schöpfer des Vorganges fast unmittelbar aus einem zermürbenden Streit mit seinem König kam, daß dieser ihn noch jetzt seinen Groll fühlen ließ? Der Streit war um so zermürbender, als der König von der Gesamtheit seiner Anschauungen aus, darin, daß er den Titel deutscher Kaiser mit dem Charaktermajor verglich, nicht ganz Unrecht hatte, während anderseits Bismarck wußte, daß die deutschen Fürsten den Titel Kaiser von Deutschland nicht dulden würden.

Zu den vielen Überraschungen, die das Genie Bismarcks der Welt bereitete, gehört es, daß er als Sieger von 1866 vom Abgeordnetenhaus, das neben Österreich und der ihm verbündeten deutschen Staaten der besiegte Teil war, Indemnität für sein Regieren ohne Genehmigung des Etats erbat.

Natürlich war das eine Geste, aber sie hatte doch, wie sich das bei Bismarck von selbst versteht, eine reale Bedeutung, sie war das Anerkenntnis des Rechtes der Verweigerung, das er nie bestritten, aber allerdings den Lebensnotwendigkeiten des Staates untergeordnet hatte, und sie hatte eine viel stärkere Wirkung, als man sich das heute wohl vorstellt. Wilhelm von Kügelgen schrieb im August 1866 an seinen Bruder Gerhard, den Verfasser der heute noch mit Recht viel gelesenen Erinnerungen eines alten Mannes: „Der Demokrat Alfred Volkmann schreibt mir ganz überwältigt, eine solche Größe hätte er dem Bismarck nie zugetraut. Alfred hatte diesen Mann bis jetzt auf das gründlichste gehaßt, aber das Wort Indemnität macht ihm den Teufel jetzt so liebenswert als bewunderungswürdig."

Das war natürlich nur eine Stimme unter unzähligen.

Auch die Freude an diesem Erfolg wurde Bismarck vergällt. Seine alten Freunde, die Konservativen, gerieten in Entrüstung. Sie sahen in dem Antrag ein Pater peccavi, da er doch eine offenbare Großmut war. Wenn es nach ihnen gegangen wäre, dann hätte Bismarck die Abgeordneten als Besiegte behandelt. Von der politischen Erbweisheit, die sie selbst und andre Leute den Konservativen beilegten, läßt dies Verhalten allerdings nicht viel erkennen. Nach dem Sturz Bismarcks waren es nicht die Konservativen im Lande, die ihm die Treue hielten, das war vielmehr im großen und ganzen das deutsche Bürgertum.

Wenn ich mir nun vergegenwärtige, wie die größten Augenblicke in Bismarcks politischem Leben ihm immer wieder verdorben wurden, und wie er nach wie vor den besten Teil seiner Kraft in beständigen Kämpfen gegen untergeordnete Gegner verbrauchen mußte, so ist es mir, als sähe ich boshafte Kobolde am Werk, anders ausgedrückt, den Neid der Götter. Wer es vorzieht, mag von ungünstigen Zufällen reden. Zufall, Schickung, Kobolde, Dämonen, das alles sind Worte für ein Unbekanntes. Für Bismarck wäre das alles Lästerung gewesen, für ihn gab es nur die Gnade Gottes.

Will man übrigens den Streit um den Kaisertitel ganz verstehen, so darf man nicht außer acht lassen, daß dem König sehr wenig an dem Kaiser gelegen war. Bismarck selbst hat sich ja erst allmählich von dem Preußen in den Deutschen verwandelt. Diese ganzen Verhältnisse sind uns zum Glück so fremd geworden, daß wir uns immer wieder daran erinnern müssen. Weltgeschichtlich war es nicht lange her, daß sich der große Friedrich mit Frankreich verbunden hatte, während Österreich Elsaß-Lothringen zu erobern versuchte, und niemand hatte eine Sünde wider den deutschen Geist darin gefunden.

Der König Wilhelm war ein alter Mann, und in seinem stolzen

Königsbewußtsein lag ihm nichts an äußerem Glanz. Mit dem Herzen war er vielleicht ganz nur bei den Armen.

Die Nichtachtung des äußeren Glanzes teilte er mit seinen drei Paladinen, Bismarck, Moltke, Roon. In diesen vier Männern trat eine neue Erscheinung auf die Weltbühne. Gewiß war ihnen die Gestalt des großen Friedrich nicht nur äußerlich vorangegangen, die große Überlieferung war in ihnen wirksam und lebendig, ohne den Vorgänger sind sie nicht zu denken. Sie waren aber andern Wesens, und das nicht nur, wie die Zeit überhaupt sich gewandelt hatte. Sie lebten nicht in der innerlichen Unnahbarkeit des großen Alten von Sanssouci, und der größte vor ihnen war auch der freieste Mensch. Grade Bismarck, den die Welt im großen und ganzen einseitig als den Eisernen sieht, war der menschlichste, der am weitesten der lebendigen Welt aufgeschlossene unter ihnen.

Es ist ja nun einmal so, daß Roon unter Moltkes und beide unter Bismarcks Schatten standen. Roon war an sich keineswegs unbedeutend, ohne seine langjährige Vorarbeit hätte Bismarck seine Erfolge ebensowenig errungen, wie ohne des Feldherrngenies Moltke.

Von dem alten Kaiser hat Bismarck nach seiner Entlassung richtig voraus gesagt, daß ihm die Weltgeschichte den Beinamen Der Große nicht zuerkennen würde. Neben einem Großen wäre kein Platz für diesen Minister und Kanzler gewesen. Auch das wirkt wie eine wohl bedachte Fügung des Unerforschlichen, daß Bismarck diesen Monarchen vorfand. Es ist, als hätte der Weltgeist ihn für Bismarck und im weiteren diese vier Männer füreinander und für ihr Volk eigens erschaffen.

Die Abneigung gegen alles Gepränge, wo es nicht notwendig war, hatten alle vier. Auch an dem Titel Kaiser lag Bismarck an sich

selbst nichts, er war aber auch hier im Recht, daß er sich mit allen
Kräften dafür einsetzte. Die Machtbefugnisse konnten dem König
von Preußen durch die Verfassung auch als dem Ersten unter gleichen
beigelegt werden, aber das junge Reich bedurfte eines Symboles,
wie es einzig die Kaiserkrone sein konnte. Kein englischer Staats=
mann wird seine Hand dazu bieten, England in eine Republik um=
zuwandeln, auch wenn er persönlich republikanisch gesonnen sein
sollte. Der König ist es, der das Empire als Symbol zusammenhält.
Das Deutsche Reich war damals etwas wie ein Empire im kleinen.
Es waren keineswegs nur die Fürsten, es waren auch die einzelnen
Völker, allen voran die Bayern, die durchaus nicht gesonnen waren,
im Reich aufzugehen. Nur der unerhörten Meisterschaft Bismarcks
war es möglich, ihm die fest geschmiedete Form zu geben und dabei
die sehr wachsame Empfindlichkeit der einzelnen Glieder zu schonen.

Jeder Meister der deutschen Sprache wird sich nur mit äußerstem Widerstreben dazu herbeilassen, jemals eine Phrase auszusprechen, denn das ist eine Entwürdigung unsres edelsten Besitztumes, eben der deutschen Sprache. Dazu kamen bei Bismarck das Selbstgefühl des Landedelmannes aus altem Herrengeschlecht und des Mannes der großen Tat, der das Wort ohne Mark, das in der Phrase liegende Komödiantentum verachtet, endlich die Einfachheit des wahrhaft vornehmen Mannes. Auch ein gebildeter Franzose, der ihm während des Feldzuges 1870 in dem eroberten Teil Frankreichs besuchte, sicherlich nicht in freundlichem Vorurteil befangen, erhielt einen starken Eindruck von der gewinnenden Vornehmheit des großen Herrn bei aller Dämonie. Selbst seine Gegner während der Konfliktjahre, die den leibhaften Teufel in ihm sahen, haben ihm „urbane Formen" zugestanden.

Wirkliche Vornehmheit ist immer einfach, aber die Einfachheiten sind sehr verschieden und immer unnachahmlich. War es bei Bismarck die Einfachheit des Landedelmannes aus altem Geschlecht bei hoher Kultur, so war es bei dem Kaiser die des Grand Seigneurs. Es ist nun einmal nicht anders, der große Herr ist nicht notwendig der Grand Seigneur. Moltke war einfach als der große Stratege, der mit Problemen beschäftigt war und gern Schach spielte, auch das alte

Bismarck am Schreibtisch

Whist, die beiden Spiele für schweigsame Leute. Roon endlich hatte die Einfachheit des hohen Offiziers aus der guten preußischen Schule.

Bismarck muß freilich, das darf nicht verschwiegen werden, denn es gehört zu seinem Bilde, zeitweilig, wenn seine Nerven versagten und ihn auf ein Krankenlager zwangen, von allen Göttern verlassen gewesen sein. Im Jahr 1868 schrieb der wahrlich unverdächtige Keudell aus Varzin einem befreundeten Kollegen: „Der Chef eigensinnig, quänglich, bald in kleinen Dingen ohne Aktenkenntnis hineintapsend, bald auf erhebliche Dinge jedes Eingehen störrisch abweisend."

Eben das ist, ich sage nicht kennzeichnend, aber doch nicht selten an dem echten Genie, daß es in Zeiten körperlicher oder seelischer Depression, die übrigens gewöhnlich miteinander verbunden sind, das ist, was die Umgebung mit Recht unausstehlich nennt. Ein Mensch von ruhigem Gleichmaß ist, wenn sein Gleichmaß nicht Phlegma ist, eine schöne Erscheinung und ganz gewiß bequem für seine Umgebung, aber das Große in der Welt wird nicht von solchen geschaffen, und das Schöne auch nicht. Goethe ist nur scheinbar eine Ausnahme.

Keudell fährt fort: „Aber was tut's? Lassen Sie erst seine Gesundheit gehörig wiederhergestellt sein, dann können wir dreist fragen: Was kostet die Welt?"

Bekanntlich hat Keudell recht behalten, wenn auch die Frage, was die Welt koste, gewiß nicht bismärckisch war.

Das ist aber wahr und gehört zu Bismarcks Größe, wenn ihn der Augenblick verlangte, war er in aller Kraft seines Geistes und Willens am Platz, auch ehe er ganz hergestellt war. So ist er, eben vom Krankenlager erstanden, am 12. Juli 1870 von Varzin nach Berlin gereist, um hier schon am folgenden Tag das große Spiel um Krieg und Frieden mit der Emser Depesche zur Entscheidung zu führen.

Bismarcks Gestalt hat ein gewaltiges Pathos in sich; pathetische Worte hat er verschmäht. Am 6. Februar 1888 hielt er die größte seiner Reden im Reichstag. Er gab eine Darlegung der Lage Deutschlands in Europa, und damit der Lage Europas; die Welt lauschte, wie sie kaum je einer Rede gelauscht hat. Das war das echt bismärckische Wort: Ein Appell an die Furcht hat im deutschen Herzen niemals ein Echo gefunden! Es kam aber auch ein Wort, das für seine sonstige Art schon reichlich pathetisch war: Wir Deutsche fürchten Gott und sonst nichts in der Welt! Dies Wort wurde im Umsehen zum geflügelten, Deutschland hallte davon wider, und der Widerhall drang von allen Seiten an die Ohren Bismarcks. Niemand ahnte, daß es ihm zu viel wurde, daß er zu Hause im behaglichen Plattdeutsch sagte: „Harr ik et man gor nicht seggt!"

Eben dies Unpathetische, auch gegenüber Angriffen, die andre Leute zu rollendem Pathos veranlaßt hätten, war allerdings in solchen Fällen eine furchtbare Waffe. Dem Abgeordneten Lasker, der seine äußere Politik mit Gönnermiene anerkannt und seine innere von oben herab verurteilt hatte, gab er zur Antwort: „Ich möchte doch wissen, warum mir der Herr Abgeordnete jedes Urteil über innere Politik abspricht. Er hat gesagt, ein Mann kann nicht alles beurteilen. Ja, das möchte ich ihm zurückgeben. Es gibt keine Sache, über die wir nicht sichere und kompetente Urteile von dem Abgeordneten Lasker hier schon gehört hätten. Sollte ich nicht das auch können, was der Herr Abgeordnete Lasker kann? Ich halte mich nicht für begabter als der Durchschnitt der Menschen, aber auch nicht für unbegabter. Der Herr Abgeordnete gibt hier ein sicheres Urteil über jede Frage, innere und äußere. Seine Reden sind schneidig und vernichtend für den anders denkenden Gegner, sein umfassender Geist stellt den meinigen in den Schatten. Ich bin aber seit zwanzig Jahren als Ministerpräsident und Kanzler genötigt, mich mit allen inneren Fragen zu beschäftigen; da möchte ich ihn doch um die Nachsicht bitten, daß auch meine gegen die seinige weit zurückstehende und von Hause aus geringer veranschlagte Befähigung durch diese zwanzigjährige Schulung und Disziplin eine gewisse Gewohnheit des Urteils über diese Dinge erlangt hat, und daß ich sein Verdikt über meine Unfähigkeit, mit der ich geboren bin, ja vollständig annehme, aber doch durch mein Amt ein Menschenalter hindurch gezwungen gewesen bin, mich mit manchen Dingen auch im Innern vertraut zu machen. Ich habe manches gehört, ich lese mit Nutzen, kurz, ich habe mich gezwungenerweise etwas vorgebildet, auch für die Beschäftigung mit der inneren Politik. Ich bin durch meine Vergangenheit in der Lage gewesen, Landwirtschaft und Fabriken zu betreiben. Ich habe die Welt von sehr verschiedenen Seiten sehen können, von oben und aus der ländlichen Einsamkeit her; der Herr Abgeordnete kennt sie nur aus der Studierstube, und ich möchte bitten, daß er mir gestattet, auch wenn ich zu weiter nichts brauchbar bin, doch der Anwalt des praktischen Lebens bei ihm zu sein."

Jedem Unbefangenen erscheint Lasker in diesen und vielen andern Angriffen als Kämpe der Plumpkeule, Bismarck als eleganter Florettfechter. Der Respekt vor dem Liberalismus saß aber damals so tief, daß selbst der Kladderadatsch, der Bismarck seit 1866 hoch in Ehren hielt und ihm nach seinem Sturz die Treue gehalten hat, die Rollen umgekehrt sah. Ich erinnere mich eines Bildes, wo Lasker als Bogenschütze dargestellt ist, während Bismarck riesenhaft wie ein wilder Mann ein Schlachtschwert gegen ihn schwingt.

Nur ganz selten und nur wo gar nichts andres am Platze war, ließ Bismarck den höflichen Ton fallen und gab seinem Zürnen freie Bahn, aber das war dann auch zerschmetternd für den Angreifer.

Im Dezember 1884 versagte ihm der Reichstag das Gehalt für einen zweiten Direktor im Auswärtigen Amt, obgleich er auseinandergesetzt hatte, wie die Direktoren sich nacheinander krank oder zu Tode gearbeitet hatten. Der süddeutsche Sozialist von Vollmar entblödete sich nicht, zu äußern, Bismarck habe zwar gesagt, er nehme dies gewissermaßen auf seinen Diensteid. Mit dem habe man aber in Deutschland viele unangenehme Erfahrungen gemacht, Bismarck könnte ja auch das ganze Budget auf seinen Diensteid nehmen.

Fälle dieser Art nannte Bismarck Abweichung von den Verkehrsformen Gebildeter. Er antwortete, er sei immer bemüht gewesen, sich innerhalb der Grenzen seiner Erziehung und seiner Gewohnheit zu halten, fände es aber doch schwer, auf Vorwürfe und Argumente gewisser Art anders als in dem gleichen Tone zu antworten. Dann kam die Abfuhr: „Wenn ich meinerseits nicht mit stärkeren Schimpfworten und gleichen Vorwürfen des Eidbruchs antworte, so schreiben Sie das meiner Erziehung zu. Sie schweben mir auf der Zunge, aber ich unterdrücke sie. Wenn Sie in der Politik eine Geltung überhaupt haben wollen, so lernen Sie die Formen der anständigen Gesellschaft respektieren und sich danach richten, und insultieren Sie nicht Ehrenmänner auf eine ehrlose Weise!"

Eine Antwort, die sie nicht erwartet hatten, erhielten diese Herren dann auch vom deutschen Volk. Ein Sturm der Empörung erhob sich, Bismarck erhielt eine Reihe von Angeboten, das nötige Geld zu sammeln. Das veranlaßte den Reichstag denn doch, das Gehalt in der dritten Lesung zu bewilligen. Man sollte denken, die Herren hätten begriffen, wie fern sie in ihrem Haß gegen Bismarck dem Fühlen des deutschen Volkes in seiner großen Mehrheit standen, aber das war nicht der Fall. Es war im Kern der gleiche Reichstag, der zehn Jahre später, zu seiner unauslöschlichen Schande, einen Glückwunsch zu Bismarcks achtzigstem Geburtstag verweigerte.

Auch sich selbst hat Bismarck unpathetisch genommen. Während des Feldzuges von 1870 ließ er sich mit der damals weltberühmten Sängerin Pauline Lucca photographieren, die als Sängerin herrlich war, ganz und gar Musik, aber nach den Anschauungen der damaligen und vielleicht auch der späteren Zeit allzu frei. Der Photograph machte ein glänzendes Geschäft, mußte freilich dann doch den Verkauf einstellen. Dies Unbekümmerte und die ungeheure Dämonie gehören zu den Gegensätzen, die das Bild Bismarcks so unvergleichlich anziehend machen, wenn auch nicht eben für die Philister im Lande.

Die Uniform hat er getragen, weil er sie bequem fand, vor allem aber, weil er im Zivilanzug nicht halb dasselbe bei seinem alten Herrn erreicht hätte, nicht etwa aus Freude am Waffenrock.

Ich habe mir nicht die Aufgabe gestellt, Bismarck als Politiker zu beleuchten. Das muß ich den Geschichtsschreibern überlassen. Ich war immer ein unpolitischer Mensch und will nicht den doch aussichts=
losen Versuch unternehmen, in hohen Jahren ein neuer Mensch zu werden. Nur einen landläufigen Vorwurf lasse ich nicht unerwidert. Bismarck hat dem Reichstag das allgemeine Stimmrecht gegeben und hat, das scheint mir erwiesen zu sein, kurz vor seinem Sturz geplant, dies Recht durch einen sogenannten Staatsstreich zu be=
seitigen. Die Leute, die ihm daraus einen Vorwurf machen, sind die Philister, in deren Augen ein Mensch ohne Charakter ist, wenn er in wichtigen Dingen seine Überzeugung ändert, es sind die Klugen, die alles besser als er gemacht hätten, und es sind die Korrekten, für die ein Staatsstreich unter allen Umständen ein Verbrechen ist.

Wenn man solchen Nörgeleien immer wieder begegnet, fragt man sich, weshalb die Weltgeschichte denn eigentlich diesen Bismarck zu den Größten rechnet, die je über die Weltbühne gegangen sind.

Cromwell macht gewiß eine stolze Figur in der Weltgeschichte, wie er den Abgeordneten zuruft: „Geht nach Hause, es ist Zeit, daß ich mit eurem Geschwätz ein Ende mache!" Aber wie leicht hatte der es im Vergleich mit Bismarck, nachdem seine schweren Reiter alle Opposition niedergeritten hatten.

Bismarck mußte alle Künste seiner Behandlung von Fürsten und Völkern spielen lassen, um das Reich unter Dach zu bringen, und wahrscheinlich wäre es ohne den Rausch der Siegesfreude von 1870 dennoch nicht gelungen. Daß dieser Rausch verfliegen mußte, verstand sich von selbst. Anderseits wußte niemand besser als Bismarck, daß seine Schöpfung im Ausland wenig Freunde und viele Feinde haben würde. Hat er doch in den folgenden zehn Jahren seine unerhörte Meisterschaft in der äußeren Politik zu einem wesentlichen Teil angewandt, um Frankreich, dessen unausrottbare Angriffslust er kannte, nicht bündnisfähig werden zu lassen. Alles kam darauf an, die Freude am Reich lebendig zu erhalten. Ein Reichstag mit irgendeinem Stimmrecht außer dem allgemeinen und gleichen wäre das sicherste Mittel gewesen, dem Reich die breiten Massen, aber auch einen großen Teil der Besten im Lande zu entfremden. Übrigens war der Reichstag denn doch ein Ventil für Unzufriedenheit. Es muß immer wieder davor gewarnt werden, die Dinge von der heutigen Lage aus zu sehen. Daß seine Schöpfung noch nicht vollkommen sein konnte, wußte Bismarck sehr wohl. Er hat damals geäußert: „Setzen wir Deutschland in den Sattel, reiten wird es schon können!" Wenn diese Voraussage reichlich optimistisch war, so hat doch niemand ein Recht, Bismarck daraus einen Vorwurf zu machen. Daß er es mit diesem Reichstag nicht bequem haben würde, hat er natürlich gewußt, wenn er auch wohl nicht voraussehen konnte, wie schwer ihm seine Schöpfung das Leben machen würde. Der vom Kleinen ausgehende Spruch des alten Goethe erfüllte sich hier im Größten:

> Am Ende hängen wir doch ab
> Von Kreaturen, die wir machten.

Das Goethewort sollte sich an Bismarck noch in einer Art erfüllen, die man wohl überlebensgroß nennen kann.

Die Höhe des Niederträchtigen erreichte der Reichstag erst nach seinem Abgang, als er seinem Schöpfer den Glückwunsch verweigerte.

Bismarck vor dem Reichstag

Am 9. März 1888 starb der alte Kaiser. Dicht vor dem Entschlummern bat er Bismarck, seinem Enkel ebenso wie ihm zur Seite zu stehen. Als Bismarck das versprochen hatte, bekam er einen eben noch fühlbaren Druck der Hand.

Der Reichstag sah Bismarck in einer an dieser Stelle neuen Gestalt, in seiner warmen Menschlichkeit. Als er das Ableben des alten und den Regierungsantritt des neuen Kaisers verkündete, übermannte ihn der Schmerz. Dreimal versagte ihm das Wort, er stockte und schluchzte, bis er nach einer gewaltigen Willensanspannung die Botschaft mit fester Stimme zu Ende las.

Er konnte nicht wissen, daß er auch das Ende seiner Laufbahn verkündete, und damit das dieser ganzen glorreichen Epoche.

Zwar was die Liberalen erwarteten, geschah nicht, der Kaiser Friedrich ließ ihn nicht fallen. Bismarck hat später gesagt, man würde sich gewundert haben, wie konservativ der Kaiser regiert haben würde, und es besteht nicht der mindeste Grund, an diesem Wort zu zweifeln. Aber der Kaiser war bekanntlich ein sterbender Mann, seine kurze Regierung war ein tragisches Zwischenspiel, ein Beethovensches Adagio vor dem erschütternden letzten Aufzug der Tragödie Bismarck.

Wen die Götter verderben wollen, den verblenden sie zuvor, sagt ein griechisches Wort. In der griechischen Tragödie erscheint die Verblendung des Hochgestellten in der Gestalt der Authadia. Ein deutsches Wort gibt es nicht dafür. Sie ist ein übersteigertes Machtgefühl, eine schrankenlose Dämonie, in griechischer Auffassung ein Auflehnen gegen die Götter.

Bismarck war unter dem alten Kaiser unbestritten der mächtigste Staatsmann Europas. Er war es auch deshalb, weil er seiner Stellung unbedingt sicher war. Daraus folgt nach der unausweichlichen Logik der Dinge ein starkes Machtgefühl. Wenn die Kaiserin Augusta einmal tief gekränkt äußerte: „Unser allergnädigster Kanzler ist heute sehr ungnädig", so war darin ein Körnchen Wahrheit, freilich eben auch nur ein Körnchen. Vor der Authadia bewahrten Bismarck die Herrschertugenden, die Goethe unübertrefflich zusammenfaßt: Rat, Weisheit, Mäßigung, Geduld. Als ihm die Macht, zunächst unbemerkt von ihm selbst, zu entgleiten begann, verließ ihn die Besonnenheit, nicht versteht sich in seinem staatsmännischen Werk, aber in seinem persönlichen Verhältnis zu dem neuen Kaiser. Sein staatsmännisches Planen freilich war kühn, so kühn, daß nur ganz Schwindelfreie nicht vor diesem Unternehmen zurückgeschreckt wären, aber ihm war es nicht unmöglich. Sein Verhalten dem Kaiser gegenüber mußte zur Katastrophe führen. Von seiner Schuld ist so wenig die Rede, daß man vielmehr sagen muß: Auch hier waltet eine unerschütterliche Notwendigkeit. Bismarck hätte nicht Bismarck sein müssen, wenn er sich anders hätte verhalten sollen.

Eine moderne Theorie behauptet, der tragische Mensch stände zwischen zwei Notwendigkeiten. Das ist zu geistreich, als daß man verlangen sollte, es müßte sich dem Zwang der banalen Logik fügen.

Mein Verstand ist jedenfalls den zwei Notwendigkeiten nicht gewachsen, für mich gibt es immer nur eine, und die ergibt sich in der echten Tragödie aus dem Charakter des tragischen Menschen und seiner Lage. Eine andre Theorie behauptet, die Tragödie sei notwendig ein Kampf zwischen zwei Prinzipien, also doch wohl in der einfachsten Form und in der Regel zwischen Gut und Böse. Ich möchte wissen, was Shakespeare dazu gesagt hätte. Wahrscheinlich: In meinen Dramen kämpfen immer nur böse und gute M e n s c h e n gegeneinander! Weder war Bismarck schlechthin das gute, noch war der Kaiser das böse Prinzip, sie waren keine Prinzipien, sie waren Menschen und konnten ihrer Natur nicht entrinnen. Die Natur Bismarcks war nichts weniger als einfach. Ein Mensch, der Seele hat, ist überhaupt niemals ein wandelndes Prinzip. Für den ewigen und allgegenwärtigen Schulmeister hat der Weltgeist die Tragödie Bismarck nicht geschaffen, er mag sich an Gestalten wie Robespierre halten; der war ein wandelndes Prinzip.

Allenfalls ließe sich sagen, hier wäre ein Kampf zwischen dem Genius und der Macht ausgefochten. Das sind wenigstens Wirklichkeiten, nicht sogenannte Ideen. Aber so glatt ist dies Problem nicht zu lösen.

Eine andre Frage ist natürlich die, ob sich nicht in der Seele Bismarcks ein Kampf zwischen zwei Prinzipien abgespielt habe. Ich glaube selbst, daß in diesem Gigantenkampf auch zwei Gedanken, die man wohl Prinzipien nennen kann, miteinander gerungen haben. Aber ich betone das Wort Auch. Das staatsmännische Denken Bismarcks war immer klar wie das Denken eines Schachspielers; in seiner Seele ist es, er sagt es selbst, immer anders zugegangen, zumal hier, wo am Ende seine Dämonie aus ihren Tiefen hervorbrach.

Es scheint mir nun doch nötig zu sein, daß ich mich darüber äußere, was ich unter Dämonie verstehe, denn der Ausdruck wird in mehr als einer Bedeutung gebraucht. Schon bei den Griechen gab es ja Dämonen verschiedener Art, Halbgötter, auf selige Inseln entrückte Heroen, in nächtlichen Höhlen hausende Erdgeister. Bei Homer redet Andromache ihren zum Kampf ausziehenden Hektor: „Du dämonischer Mensch" an, was beiläufig bemerkt Fritz Reuter gar nicht übel: „Du Düwelskirl" übersetzt. Goethe lehnt sich, wenn ich ihn recht verstehe, an Homer an, bei ihm ist Dämonie wesentlich ein übermächtiger Tatendrang, nur ungewöhnliche Menschen werden von ihm getrieben. Worauf sich dieser Drang richtet, ist ganz unbestimmt. Bei Hektor ist es edler Kampfzorn, bei Napoleon, den Goethe wohl vor allem im Sinn hatte, Herrschsucht, Eroberungsdrang, Ehrgeiz. Die Dämonie kann sich auch auf das schlechthin Verneinende richten, wo sie den überlebensgroßen Verbrecher zeugt. Immer liegt in der Dämonie eine Gefahr, sie ist ein vulkanisches Element.

Es liegt auf der Hand, daß eine Dämonie, die keinen Gegenstand findet, den von ihr Besessenen auf die Dauer ruinieren muß.

Auch hier, wie in manchen andern Fällen, trägt es zur Klärung bei, sich deutlich zu machen, was der Begriff nicht ist. Der unruhige

Tätigkeitsdrang des Franzosen - Napoleon war bekanntlich Korse - ist nicht Dämonie. Bismarck verglich ihn, treffend wie immer, mit Champagner. Ein andrer Gegensatz gegen dämonische Menschen ist der kalte Fanatiker. Robespierre hatte gar keine Dämonie. Auch ein dämonischer Chinese oder auch Japaner ist mir trotz oder in Gottes Namen wegen der sattsam bekannten Unergründlichkeit des Ostens nicht vorstellbar.

Es liegt nun aber auch auf der Hand, daß der neue Kaiser zwar einen sehr starken Drang, sich zu betätigen, aber keine Dämonie hatte. Dieser Gegensatz der beiden Naturen war stark. Freilich, ohne Dämonie war der alte Kaiser auch gewesen, aber auch ohne Unruhe. Die Zusammenstöße zwischen ihm und seinem Kanzler waren zuweilen, nicht nur 1866 und 1870, heftig genug. So brauste der Pelidenzorn stürmisch auf, als der Kaiser im Jahr 1877 durch Bekundung von Schätzung des ehrlichen alten Soldaten Mac Mahon und von Widerwillen gegen Gambetta seine im Ziel grundeinfache und in den Wegen unergründlich verschlungene französische Politik störte. Aber zuletzt siegte doch immer das hohe Pflichtgefühl des Kaisers über seine und, nicht zu vergessen, der Kaiserin Augusta persönlichen Gefühle. Im ganzen wirkte die vornehme Ruhe des alten Herrn, die nicht Kälte war und die ihm nur ganz selten einmal verließ, wohltätig auf die dämonische Natur Bismarcks. In dem unruhigen, etwas betriebsmäßigen Tun des Enkels lag dagegen schon an sich selbst die Gefahr der Reibung. Heute läßt sich natürlicherweise leicht sagen, es mußte zum Bruch kommen. Damals ging anfangs alles gut, überraschend gut. Bezeichnend für das Verhältnis war ein Zug: Der Kaiser besuchte Bismarck eines Morgens, als dieser, der sich bekanntlich daran gewöhnt hatte, in den Nachtstunden zu arbeiten, noch beim Anziehen war. Der Kaiser suchte ihn in der

Kammer auf und war ihm behilflich. Von mir persönlich muß ich sagen, daß ich die kleine Szene in der Zeitung mit einem leisen Unbehagen las, mit einem Gefühl, als könnte dies nicht gut enden. Das war aber nur ein dunkles Gefühl, wie es uns wohl anwandelt, wenn eine Sache in den Anfängen allzu gut geht, gewissermaßen übertrieben gut. Daß mein Gefühl recht behalten sollte, glaubte ich damals nicht.

Sollte nicht diese Zutraulichkeit, die wie die eines Enkels gegenüber dem Großvater anmutet und den Kaiser nur ehrt, dazu beigetragen haben, daß Bismarck ihm gegnüber der Authadia verfiel?

Es mag ein Jahr später gewesen sein, da erfuhr man eine an sich selbst ebenso belanglose Begebenheit von entgegengesetzter Art. Bismarck gab ein Essen. Der Kaiser war erschienen, anderseits namhafte Abgeordnete, mit denen er sich besprechen wollte. Das Essen dauerte ihm zu lange, er gab deutliche Zeichen von Ungeduld. Bismarck übersah sie und zog die Tafel nun erst recht hin.

Die Geschichte kann Vorfälle dieser Art nicht aufbewahren, und auch der Geschichtsunterricht kümmert sich nicht darum. Ob das letztere ganz richtig ist, darüber läßt sich verschieden denken; mit den sogenannten Anekdoten prägen sich auch die wichtigen Tatsachen ein.

Ich halte für möglich, daß der letztere Bericht von Leuten in die Presse geleitet ist, die Bismarcks Entfernung aus dem Amt wünschten. Gefehlt hat es an solchen Elementen ja nie. In mir steigerte sich beim Lesen die leise Beklemmung zu einer Art von Furcht, wie sie die Tragödie nach der uralten Lehre erregen soll, und wie sie die echte auch wirklich erregt.

Einer der gefährlichsten unter jenen Intriganten war der Graf von Walderſee. Der Kaiſer war als Kronprinz auf Betreiben Bismarcks empfindlich getadelt, weil er einen ſogenannten Walderſeezirkel beſucht hatte.

Daß Bismarck im Kaiſer den Enkel des Monarchen ſah, der ihn als Freund behandelt und ſeine Überlegenheit nie bezweifelt hatte, verſtand ſich von ſelbſt. Er ſah aber auch ſeinen Schüler in ihm, und das war es, was der Kaiſer nicht ſein wollte. Er war in dem Alter, wo ſich der Menſch, auch der ohne Dämonie, am ſtärkſten zu Taten getrieben fühlt. Der alte Kaiſer war über neunzig Jahre alt geworden, die Regierung des Kaiſers Friedrich ein Zwiſchenfall ohne Folgen geweſen. Nicht nur die Intriganten, auch mancher gute Mann und ſchlechte Muſikant war der Überzeugung, dem Reich täte ein junger Kaiſer bitter not. Die kaiſerliche Macht war groß, das hatte Bismarck ſo gewollt. Schon das Recht, den Reichskanzler und die Miniſter nach Gutdünken zu ernennen, bedeutete viel, im Grund alles. Der Kaiſer fühlte ſich berufen, ein goldnes Zeitalter heraufzuführen: „Herrlichen Zeiten führe ich euch entgegen!" Großes wollte er ſchaffen, er brannte vor Ungeduld. Der Sozialdemokratie gegenüber befand er ſich im Zuſtand des Laien, er ſah die Schwierigkeiten nicht, wollte im Handumdrehen mit dem ganzen Problem fertig werden.

Seinem Tatendrang lag nun aber ein Felsblock im Wege, der hieß Bismarck. Der Zuſammenſtoß war unvermeidlich, und der von Bismarck ſelbſt geſchaffenen Macht mußte der äußere Sieg zufallen:

Am Ende hängen wir doch ab
Von Kreaturen, die wir machten.

Bismarck hatte ja nicht nur den Kaiserthron geschaffen; er hatte auch den König Wilhelm, als er im Jahr 1862 abdanken wollte, davon abgebracht, er ganz allein. Ob sonst im Jahr 1888 noch ein Hohenzoller auf dem preußischen Königsthron gesessen hätte, und wenn ja, welcher Zweig des Geschlechtes, weiß niemand.

Schloß Friedrichsruh, Wohnsitz Bismarcks

Seit einem Menschenalter hatten allerhand politische Kreise mit allen Mitteln versucht, Bismarck bei seinem Herrscher und bei dem Zaren zu verdächtigen. Alles war umsonst gewesen. Jetzt, nach einer Lebensleistung ohne gleichen, als unbestritten der erste Staatsmann Europas, war er dem Wühlen der Gegner im eigenen Lande aus= gesetzt, und sie hatten besseren Erfolg. Da erschienen Zeitungsartikel mit Überschriften wie: Es gelingt nichts mehr. Eine oft wieder= kehrende Phrase war die von dem schnell alternden Reichskanzler. Waldersee sagte dem Kaiser, wenn der alte Fritz einen Bismarck neben sich geduldet hätte, wäre er nicht Friedrich der Große ge= worden.

Das eine muß man freilich zugeben, Bismarck hatte einen Plan, der es dem Kaiser schwer machte, hier mit ihm zu gehen. Er wollte den Reichstag aufheben und das Reich mit Hilfe der Fürsten auf eine neue Grundlage stellen. Man versteht die unerhörte Kühnheit dieses Planes nicht, ohne von den heutigen Zuständen ganz abzusehen. Es ist kaum zu viel gesagt, daß Bismarck mit diesem Plan sein Zeit= alter in die Schranken forderte. Kein deutscher Staatsmann und kein Staatsmann Europas konnte ihn durchführen außer Bismarck. Nicht nur seine Erfahrung, seine Diplomatie, seine Unerschöpflichkeit an Auskünften, alles in allem eine Meisterschaft gehörte dazu, auch sein einzig dastehendes Ansehen und seine Volkstümlichkeit, der unermeßliche Schatz an Vertrauen, den er in seiner langen Laufbahn im deutschen Volk erworben hatte.

Auch der kühnste, der Wilhelm der Zweite wohl nicht war, hätte sich dreimal bedacht, ehe er dies Wagnis unternommen hätte. Ich bin überzeugt, daß Bismarck auch diesmal er selbst geblieben ist, daß er den Plan auf das Sorgsamste mit allen Möglichkeiten erwogen hat. Nur an eine hat er schwerlich gedacht: Er war fünfundsiebzig Jahre alt. Wenn er mitten im Kampf starb? Der Kaiser hätte mit diesem Unternehmen nicht mehr und nicht weniger als seine Krone eingesetzt. Allerdings war die Lage paradox: Der Greis wollte das kühne Wagnis, der junge Mann schreckte zurück.

Schließlich ist aber doch wohl anzunehmen, daß die Katastrophe auch ohne diesen Zwiespalt eingetreten wäre.

Feinde des Deutschen Reiches hatten Bismarck bei dem Zaren mittels gefälschter Briefe verleumdet. Es gelang ihm, den Zaren bei einem Besuch in Berlin von seiner Bündnistreue zu überzeugen. Der Zar meinte schließlich: ihm glaube er, aber sei er auch sicher, daß er im Amt bliebe?

Bismarck antwortete, darüber möge der Zar sich beruhigen.

Die Götter hatten ihn verblendet. Der Staatsmann, dessen von keiner Illusion getrübter, von keiner Maske zu täuschender Blick die Menschen in all ihren Menschlichkeiten durchschaut hatte, verfiel hier, wo es um sein eigenes Schicksal ging, dem verhängnisvollsten Irrtum. Er, der den Kaiser von der frühen Kindheit an kannte, der beständig mit ihm zu tun hatte, sah nicht, was der Russe nach einer kurzen Begegnung gesehen hatte. Er war aber auch, das eine vom andern untrennbar, der Authadia verfallen. Unter anderm setzte er einem Ansinnen des Kaisers ein schroffes Nein entgegen, ein Verhalten, für das er wahrscheinlich früher jedem andern gegenüber die schärfsten Worte gebraucht hätte. Gewiß hatte er dem alten Kaiser nicht selten seinen Willen aufgenötigt, aber da hatte es sich immer um das Wohl des Vaterlandes gehandelt, und er hat ihm stets das Gefühl gelassen, als Herrscher mit seinem ersten Diener zu verhandeln. Daß er dem Enkel anders gegenüber trat, lag in der Natur der Dinge, aber eine Authadia war es trotz alledem; es handelte sich in diesem Fall nicht um eine Frage, wo ihm sein Verantwortungsgefühl ein Nachgeben verbot.

Wieder und wieder: Nichts liegt mir ferner, als einen Stein auf Bismarck werfen zu wollen. Es ist ein Unding, von ihm zu sagen, hier gefällt er mir, da hätte er anders handeln müssen. Diese einzige Persönlichkeit muß man so wie sie ist nehmen oder lassen, und welcher gute Deutsche wollte einen Bismarck nicht nehmen?

Die letzten Vorgänge vor der Entlassung und diese selbst sind in vielen Büchern zu finden, notwendig aber qualvoll zu lesen. Sie war ein schwarzer Tag im Leben des deutschen Volkes. Die Frage läßt sich nicht unterdrücken: War niemand da, der zu rechter Zeit eingreifen konnte?

Wenn jemand, dann waren es einzig die deutschen Fürsten. Sie haben sich nicht gerührt, obwohl sie bei Zeiten erfuhren, was im Werden war. Ihr Quietismus, wenn es nicht bei dem und jenem etwas Andres war, hat ihnen oder ihren Nachfolgern die Throne gekostet.

An drei Stellen hat Bismarck Abschied genommen, als er Berlin verließ.

Er hat der Großherzogin von Baden, der Schwester des alten Kaisers, die freilich ihrem Bruder recht unähnlich gewesen zu sein scheint, einen Abschiedsbesuch gemacht. Ein Bild von starkem Eindruck, die mächtige Gestalt in der weißen Kürassieruniform, den Helm nach der Etikette in der Hand, schreitet langsam durch den Saal zu der alten Dame. Neugierige Hofdamen sitzen dabei und genießen sicherlich die Sensation, die sie noch oft und oft in ihrem Leben berichten werden.

Dann kam ein Abschiedsbesuch von ganz andrer Art. Bismarck verweilte eine Stunde an dem Sarkophag des alten Kaisers. Man hörte ihn mit leiser Stimme sagen: „Der alte Herr!"

Einen dritten Abschied nahm er von den Räumen des Auswärtigen Amtes, in denen sein Wille Jahrzehnte hindurch herrschend gewaltet hatte.

Es gibt Worte, die an sich nichts bedeuten, aber durch die Umstände und den Menschen, der sie gesprochen hat, einen ganz eignen Klang erhalten. Bismarck ließ sich von einem Beamten durch alle Räume geleiten. Wer dies Labyrinth kennt, wird es ohne weiteres glauben, daß der Gang eine gute Stunde gedauert hat. Bismarck hat geschwiegen. Als er in einen Saal eingetreten war, wo in früheren Zeiten Hofbälle stattgefunden hatten, wies er auf eine oben befindliche Balustrade und sagte: „Da saßen die Musikanten!"

Das ist das einzige Wort, das er auf diesem Rundgang gesprochen hat, wohl mehr für sich als für den Begleiter. An sich ist das Wort belanglos. Hat aber Bismarck nur die Musiker gesehen? Hat nicht sein inneres Auge den Saal, in dem früher glänzende Feste gefeiert wurden und der nun öde und leer dalag, mit Gestalten angefüllt? Welche Erinnerungen, welche Gestalten! Die schönsten und geistvollsten Frauen Europas, Männer, die mitten im Weltgeschehen standen, und das in allem Erinnern schwingende Gefühl: Quorum ego pars magna fui!

Bei der Abreise zeigten sich die Berliner von ihrer besten Seite, sie taten unbekümmert, wozu ihr gesundes Gefühl sie antrieb. Den ganzen Weg vom Reichskanzlerpalast bis zum Lehrter Bahnhof mußte der Wagen im langen, sanften Schritt fahren, in den Straßen drängten sich die Berliner, die dem scheidenden Kanzler ihre Verehrung und Liebe kund gaben, in einer Form, die man den sonst bis zum Schnoddrigen kühlen Berlinern kaum zutrauen würde. Allenthalben sangen sie die Wacht am Rhein und riefen dem Scheidenden ein treuherziges „Auf Wiedersehen" zu.

Eine wundervolle Huldigung erhielt er von den Damen der englischen Aristokratie, die damals in Berlin waren, sie sandten ihm ein Veilchenkissen, in dem eine umflorte Weltkugel lag.

Es war so, wie das Symbol es aussprach. Wenn eine Gestalt wie diese von der Weltbühne abtritt, wird sie auf lange Zeit hinaus ärmer, die Handlung weniger fesselnd. Ich habe den Eindruck, daß keine Engländerin heute eines solchen Aufschwunges noch fähig wäre, von den männlichen Engländern zu schweigen. Das bißchen geistige Freiheit, das dazu gehört, einen Menschen ohne Vorurteil zu sehen, ist allenthalben selten geworden.

Wir, die wir nicht wie die Engländer, geborene Politiker waren, dachten nicht an die Weltbühne, wir dachten an Bismarck und an die Zukunft der Nation.

Eine englische illustrierte Zeitung brachte ein Bild: Der Lotse verläßt das Schiff. Da war nichts verzerrt, nichts ins Lächerliche gezogen, es war ein zutreffendes Bild, besonders die Gestalt Bismarcks war eindrucksvoll. Die Frage war: Wird der Kapitän das Schiff ohne den Lotsen richtig führen?

Bismarck hatte gesagt: „Setzen wir Deutschland in den Sattel, reiten wird es schon können!"

Hatte er damals, entgegen seiner sonstigen Art, die Dinge zu rosig gesehen?

Trübe Frage,
Der das Schicksal sich vermummt,
Wenn am unglückseligsten Tage
Blutend alles Volk verstummt.

Es versteht sich von selbst, daß niemand den Weltkrieg voraussah. Ich kann auch aus eigenem Wissen nur sagen, daß die Entlassung hier im zentralen Niedersachsen als ein nationales Unglück angesehen wurde.

Während noch die Welt von der Nachricht widerhallte, saß Bismarck schon in seinem stillen Friedrichsruh, aber nicht in dem Frieden des Landlebens, den er sich immer geträumt hatte. Er äußerte gelegentlich, man hielte ihn wohl für einen glücklichen Mann, er wäre aber allzu sehr an Tätigkeit gewöhnt. Gern würde er wieder Landwirt sein, aber dieser Tätigkeit wäre er allzu lange entwöhnt, es hätte sich zu vieles geändert. Darin hat er sich ohne Zweifel getäuscht. Er hat in den Jahren 1870 und 1871 von Frankreich aus seinem Verwalter ins einzelne gehende Anweisungen erteilt. Der Mann, dessen wirkliche Welt an Weite etwa der geistigen Goethes geglichen hatte, dessen Wille, niemals, versteht sich, dessen Willkür die stärkste Macht Europas gewesen war, konnte eben nicht in der Bewirtschaftung eines Landgutes, so schön die Tätigkeit sicherlich ist, Befriedigung finden.

Es ist eine bekannte Erscheinung, daß Unternehmer eines industriellen Werkes kein Ende finden können, wenn sie einmal ange=

fangen haben, ihren Betrieb zu erweitern. So verhält es sich mit der Leistung überhaupt. Je größer sie ist, um so weniger findet der Leistende Befriedigung im endlichen Ausruhen. Eros, Platons großer Unruhestifter, läßt ihn nicht zur Ruhe kommen.

Das Gerede von dem rasch alternden Reichskanzler hatte seine üble Arbeit getan und verstummte. Es hätte sich lächerlich gemacht, Bismarck zeigte zum Erschrecken aller dunkeln Mächte und Philisterseelen, daß sein Geist noch der alte war. Aber auch seine Dämonie brach aus den Tiefen seiner Seele ans Licht. Sie war nicht ohne Gegenstand.

Nach einer Lesart soll Bismarck den letzten Streit mit dem Kaiser absichtlich auf die Spitze getrieben haben, um seine Entlassung herbeizuführen, weil er vor der Weltgeschichte nicht für den sogenannten neuen Kurs verantwortlich sein wollte. Eine Persönlichkeit wie diese bleibt in ihren letzten Gedanken unergründlich. Möglich ist diese Lesart gewiß. Ich persönlich glaube nicht daran. Die Entfernung aus seinen Ämtern war ein Sturz ins Bodenlose. Wenn je ein Herrschender, dann hat Bismarck dem von Goethe aufgestellten Vorbild entsprochen, er hat im Befehlen Seligkeit empfunden. Mit einem Schlage wurde nun aus dem mächtigsten Staatsmann Europas ein machtloser Privatmann. Das Gefühl der Ohnmacht bei erlittener Unbill muß qualvoll bis zum Unerträglichen gewesen sein. Daß er immer noch eine Macht war, zeigte sich ja erst im Lauf der Zeit.

Allenfalls mag Bismarck den Zeitpunkt der Entlassung bestimmt haben, da er sah, daß sie einmal unter allen Umständen geschehen mußte. Vielleicht wäre alles anders gekommen, wenn die Entlassung in den Formen erfolgt wäre, die einem Bismarck zukamen. Er schrieb das erzwungene Entlassungsgesuch in dem vollen Bewußtsein, eine geschichtliche Urkunde zu schreiben, und wurde gedrängt, schneller fertig zu werden. Noch rücksichtsloser war es aber, daß Bismarck das Kanzlerpalais überstürzt räumen mußte, weil Caprivi sich häuslich einrichten wollte.

Diese Rücksichtslosigkeit hat sich bitter gerächt. Caprivi mußte bald erfahren, daß es nicht wohlgetan war, den schlafenden Königstiger zu wecken.

Ich bin überzeugt, daß Bismarck, der Caprivi einen alten Troupier nannte, anfangs wesentlich von seiner Dämonie getrieben wurde. Seine Gattin schrieb gelegentlich: „Wir haben wieder die ganze Nacht hindurch gehaßt!" So ganz hat sie sich als ein Stück von ihm gefühlt, daß sie hier sogar mit ihm ihre Religion vergaß, die ihr den Haß verbot.

Das Bild Bismarcks würde nicht echt sein, wenn man die dämonische Gewalt des Hassens vertuschen wollte. Es würde aber ebenso unecht sein, wenn verschwiegen würde, daß er auch in dieser Zeit ganz andern Gefühlen zugänglich war. Zur Gottesferne hat er es nicht kommen lassen. Sein Kutscher berichtet aus dieser Zeit: Er hat ihn einmal im Wald von Friedrichsruh gefahren. Bismarck hat halten lassen, ist ausgestiegen und im dichten Wald verschwunden. Da er lange ausblieb, wurde der Kutscher besorgt und schlich ihm nach. Er sah ihn vor einer riesigen Eiche auf den Knien liegen, den Kopf an den Stamm gepreßt. Der Kutscher schlich wieder an den Wagen. Als Bismarck endlich kam, war er tief blaß.

Freilich, der Ausdruck Troupier war für Caprivi nicht ganz unzutreffend. Der Papst, der fein gebildete Alexander der Dreizehnte, nicht mehr der grobe Pio Nono des Kulturkampfes, sagte einige Zeit später „Mi manca Bismarck!" Er hatte mit ihm die Klingen gekreuzt, aber das war ein feines Florettfechten gewesen. Nun hatte er es mit einem alten Truppenführer zu tun, der sich nur auf ein grobes Dreinschlagen verstand.

Immerhin, Troupier war ein böses Wort. Geschont hat Bismarck seinen Nachfolger nicht, er hat ihm das Leben sauer gemacht. Der sanfte Spießbürger mag sich bekreuzigen: Wie konnte er nur so sein, er war doch so fromm, warum ist er nicht lieb und nett geblieben, wie er sein konnte, wenn er nur wollte? Die Antwort ist kurz: Weil er nicht der kreuzbrave Hauskater war, den ihr aus ihm machen wollt, weil er, nehmt alles nur in allem, Bismarck war.

Einer seiner Gehilfen, der ihm treu geblieben war, der Geheimrat Abeken, gab ihm den Rat, er solle der Welt das Schauspiel eines harmonischen Menschen geben. Bismarck hat in seiner immer schlagenden und oft durch Einfachheit verblüffenden Art geantwortet: „Wozu soll ich ein harmonischer Mensch sein?"

Er hatte zweifach recht. Dieser harmonische Mensch, der sich sanft ergeben gefügt und der Welt als beschaulicher Weiser ihren Lauf gelassen hätte, wäre eine Stilwidrigkeit gewesen. Es ist mir, als wäre Goethes Gedicht „Der Adler und die Taube" eine Vorahnung Bismarcks gewesen. Er hätte, wenn das nicht ganz gegen seine Art gewesen wäre, Abeken antworten können: Weisheit, Du redest wie eine Taube!

Bald kam es nun aber auch so, daß Bismarck es mit Recht als eine ihm auferlegte Pflicht ansah, seine Stimme zu erheben. Der neue Kurs tat so regelmäßig das Gegenteil von dem, was bismarcksche Politik war, daß es den Anschein des Geflissentlichen hatte. Es gab viele, die fühlten, daß dieser Kurs zu nichts Gutem führen konnte, aber gewiß keinen, der die Zukunft in einer so unerbittlichen Klarheit wie Bismarck sah, und ganz gewiß keinen, dessen Stimme einen Widerhall wie diese finden konnte. Bismarck war hier in Wahrheit der getreue Eckard seines Volkes. Erreicht hat er freilich nichts. Gegen den Gründer des Deutschen Reiches wurde das schnöde Wort in Umlauf gesetzt, er liefe nörgelnd und polternd hinter dem Reichswagen her.

Im Oktober 1868 hat Bismarck dem Grafen Keyserling, einem seiner ältesten und besten Freunde, gesagt, seine beiden Söhne sollten nicht auf den Staatsdienst rechnen, die Bismarcks würden einmal doch am Ende schlecht angesehen sein und es quer in der Welt haben.

Welch ein Abgrund von Pessimismus und Menschenverachtung!

Wahrscheinlich hatte er das Wort längst vergessen, und sicherlich hätte er es noch vor kurzem zurückgenommen. Nun wurde es Wahrheit. Zwar hatte der Kaiser den Sohn Herbert zu halten versucht, da der aber abgelehnt hatte, wurde die Familie von der Reichsregierung in den Bann getan. Verstieg sich doch Caprivi zu der Drohung, den Fürsten wegen seiner Angriffe festsetzen zu lassen, worauf Bismarck, allerdings im Kreise der Getreuen, behaglich erklärte: „Dor lach ick öwer!"

Man soll sich auch nicht einbilden, die Verfemung wäre nicht wirksam gewesen. Es gereicht dem damaligen Großherzog von Weimar zur Ehre, daß er in den ersten Jahren der einzige deutsche Fürst war, der es wagte, Bismarck in Friedrichsruh zu besuchen.

Eins hat Bismarck aber freilich trotz alledem erreicht, und gerade das, woran er nicht gedacht hat: die Liebe des deutschen Volkes zeigte sich nun, wo es, wenn nicht Nachteile, so doch sicherlich keinen Vorteil brachte, ihm zu huldigen, in ihrer Echtheit.

Der Kladderadatsch brachte ein vortreffliches Bild mit der Überschrift: Ein schwüler Abend. In einem gut gezeichneten Sonnenuntergang hatte die Sonne unverkennbar die Züge Bismarcks. Eine Reihe von Männern und Frauen war mit allen Zeichen der Andacht in den Anblick versunken, im Hintergrund sah man das Gesicht Caprivis Angstschweiß vergießen.

Den Männern und Frauen des Bildes war ein Zug gemeinsam, sie gehörten unverkennbar dem Bürgerstand an, dem eigentlichen, mittleren, nicht Ständen wie der Großindustrie oder dem Großgrundbesitz. Der Kladderadatsch hatte Recht. Der deutsche Bürgerstand war es, der Bismarck die Treue gehalten hat. Daß es in allen Ständen einzelne gab, die sie hielten, versteht sich von selbst, aber die sonderten sich hierin von den Standesgenossen ab. Eine Ironie für sich war es, daß allen voran die neue Aristokratie der Besitzenden von Bismarck abfiel, die er selbst geschaffen hatte. Freilich, auch der alte Adel hatte es mit wenigen Ausnahmen eilig, mit fliegenden Fahnen in das kaiserliche Lager zu ziehen. Das Allzumenschliche ist eben im großen und ganzen immer das Mächtige in der Welt. Da waren Söhne und Geschwister im höheren Staatsdienst, da gab es Nobilitirungen, da regnete es Orden.

Der Bauer mag im Herzen auf der Seite Bismarcks gestanden und im Dorfkrug seinen Gefühlen in seiner recht kräftigen Sprache Luft gemacht haben, aber nach Friedrichsruh zu reisen, zu keinem andern Zweck als Bismarck zu sehen und zu hören, lag ihm nicht, kostete auch zu viel Geld. Die Hunderttausende, die nach Friedrichsruh pilgerten, waren in der ersten Zeit zu reichlich neunundneunzig vom Hundert Bürger.

Die Landwirtschaft in der Gesamtheit fiel Bismarck erst wieder zu, als Caprivi sich mit Stolz einen Kanzler ohne Ar und Halm nannte und danach handelte.

Bismarck hat den Bürger nie verachtet, aber seinem Herzen stand er ferner als der Landwirt und der Soldat. Es ist ein eigenes V e r - h ä n g n i s , daß ihm in seiner tiefen Bitterkeit eben der Bürger ein Trost war, denn den gaben ihm die Wallfahrten wirklich. Er hat das ergreifend schlichte Wort gesprochen, es müsse doch wohl etwas Gutes sein, was er geschaffen habe.

Sonderbar wenig Fingerspitzengefühl für die Stimmung im deutschen Volk zeigte die Presse. Ich hielt mir damals die Münchener Allgemeine Zeitung, weil sie anfangs, so viel ich wußte, die einzige

Zeitung war, die ohne Wenn und Aber zu Bismarck hielt. Bald kam eine zweite dazu. Der Schriftleiter, kann auch sein der Eigentümer der Hamburger Nachrichten reiste nach Friedrichsruh und stellte Bismarck das Blatt zur Verfügung. Das war ebenso klug wie anständig. Die Zeitung war bis dahin zwar als eine Hamburger Zeitung kein bedeutungsloses Provinzblatt gewesen, aber außerhalb von Hamburg wenig verbreitet. Nun wurde sie eine der größten deutschen Zeitungen, und die außerhalb des Reiches wohl am meisten gelesene. Der einsame Mann im stillen Friedrichsruh war eben doch eine Weltmacht.

Dieser Kampf der großen Persönlichkeit gegen die Macht ist aber auch tief tragisch.

Bismarck war der letzte deutsche Königsmann großen Stiles. Königstreu war Moltke auch, er hat sich nach Bismarcks Entlassung loyal auf die Seite des Kaisers gestellt, es ist mir aber nicht zweifelhaft, daß er das aus monarchistischer Überzeugung getan hat, nicht in dem Lehnsmanngefühl eines Bismarck. Auch Moltke ist eine zu große Gestalt, als daß es mir beikäme, ihm etwas am Zeuge zu flicken, aber wer ihn verstehen will, darf nicht vergessen, daß er anfangs im Dienst des Königs von Dänemark gestanden und seinen ersten Feldzug gegen Dänemark geführt hat. Seine monarchische Gesinnung war Sache einer ruhigen Überzeugung, nicht eines naturhaften Gefühls. Auch Moltke hatte seine Dämonie, aber sie hat sich immer nur auf einen einzigen Gegenstand gewandt, auf den Krieg. Das halte ich für den innersten Grund, weshalb sein Bild das eines harmonischen Menschen ist: er hatte niemals, wie Bismarck immer, mit dem Widerspruch in sich zu kämpfen. Bezeichnend ist sein Verhalten bei der Änderung der Emser Depesche. Es ist die Aussicht auf den Krieg, die ihn so vergnügt stimmt, daß er entgegen seiner sonstigen Art einen echten Kalauer macht. Insofern erinnert er an die großen Condottieren der italienischen Renaissance, von denen er sich

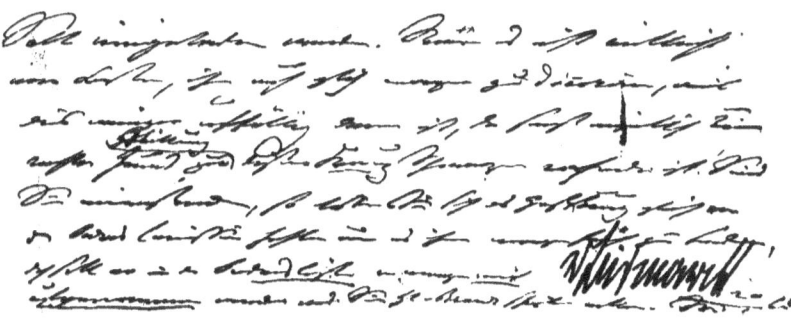

**Fakfimile eines Schreibens Bismards an Kaifer Wilhelm I.
Mit einer Randbemerkung des Kaifers.**

als ethische Persönlichkeit himmelweit unterscheidet, auch insofern, als er wahrscheinlich ohne Ehrgeiz war. Wissen kann das freilich bei seiner undurchdringlichen Außenseite niemand, aber das ist wohl gewiß, daß ein etwa doch vorhandener Ehrgeiz eine verschwindend kleine Rolle neben der Freude an der Kriegführung spielte, genauer: an der Strategie. Bekannt ist eine Episode während der Schlacht von Sadowa. Die österreichischen Kanonen schlagen mörderisch in die preußische Infanterie ein. Bismarck hat kein Urteil darüber, wie die Schlacht steht. Er reitet zu Moltke und bietet ihm seine Zigarrentasche, eine echt bismärckische Auskunft. Moltke greift nicht blindlings hinein, er sucht sich bedachtsam eine Zigarre aus. Nun weiß Bismarck, daß die Lage günstig ist. Bald sagt denn auch Moltke zum König: „Majestät, die Bataille ist gewonnen", und nach wenigen Augenblicken: „Und damit die Campagne!"

Man darf den Wortlaut nicht ändern, er ist bezeichnend für Moltkes ruhige Sachlichkeit. Der Feldzug war ihm ein Problem, das er als gelöst betrachtete.

Hätte das Schicksal der Entlassung Moltke getroffen, so hätte er sich wie sein ritterlicher Gegner Benedek still gefügt, gewiß nicht ohne Bitterkeit, aber ohne Murren. In Bismarck lehnte sich nicht nur der furchtbar gereizte Königstiger auf, es war auch der Schmerz einer sich verraten fühlenden Liebe. Sein Lehnsmanngefühl war eben ein Gefühl, und ein sehr starkes. Als er im November 1864 den höchsten preußischen Orden, den schwarzen Adlerorden erhielt, umarmte ihn der König; er schrieb, die Umarmung wäre ihm wertvoller als der Orden, und das war keine leere Redensart. Er hat sich die Grabschrift gewählt: Ein treuer Diener seines Herrn. Anderseits hat er aber auch gesagt: Treue um Treue! Er war bereit, mit dem König unterzugehen, aber auch der Lehnsherr schuldete dem Lehnsmann Treue. Der alte Kaiser hatte die Schuld bezahlt, oft genug mit Kämpfen im eignen Hause. Bismarck mußte dem Sterbenden versprechen, dem Enkel die Treue zu halten. Auch mit dem wäre er untergegangen, wenn sein kühner Plan gescheitert wäre. Nun war geschehen, was er nie für möglich gehalten hätte. Nicht die Feindschaft des Zentrums, nicht der Haß der Sozialdemokratie, kein Abelwollen und keine Ränke feindlicher Staatsmänner, nichts in der Welt konnte ihn stürzen als einzig der Wille des jungen Lehnsherrn. Mit der Begründung, daß der Kaiser ihm die Treue gebrochen hat, in der Folge natürlich auch und wesentlich mit seiner Pflicht gegen das deutsche Volk hat er den Lehnsmann in sich zum Schweigen gebracht. Der innere Widerspruch blieb freilich bestehen und hat sicherlich an ihm genagt, aber der Groll hat doch wohl bis zum Ende die Oberhand behalten.

Es wird behauptet, der kühne Plan Bismarcks wäre nur als eine ziemlich entfernte Möglichkeit zwischen ihm und dem Kaiser besprochen. Allein auch diese Lesart gibt zu, daß der Kaiser anfangs geneigt gewesen und erst durch die entsetzte Ablehnung des Großherzogs und, nicht zu vergessen, der Großherzogin von Baden, andern Sinnes geworden sei. Wenn aber der Kaiser den Plan seinen Verwandten mitgeteilt hat, muß es sich doch wohl um mehr als eine Seifenblase gehandelt haben. Es sieht Bismarck auch gar zu unähnlich, einen so wichtigen Plan dem Kaiser vorzulegen, ohne daß er ihn ernst gemeint und seine Wege und Aussichten sorgfältig erwogen hätte.

So müßig im allgemeinen die Frage ist, was unter andern Umständen geschehen wäre, hier drängt sie sich auf.

Wenn der Kaiser zugestimmt hätte, so gab es nur zwei Möglich=
keiten: Der Kaiserthron wäre schon damals gestürzt, oder Wilhelm
der Zweite wäre heute noch deutscher Kaiser, und die Völker wären
ihm Dank schuldig; womit ja nicht gesagt ist, daß sie ihm dankbar
wären.

Menschlich ist es gewiß zu begreifen, daß der Kaiser den Plan
abgelehnt hat. Er hatte eben, noch jung an Jahren, den Thron be=
stiegen, den Thron des mächtigsten Militärstaates der Erde. Vor sich
sah er ein Leben in Herrlichkeit, mühelos gedachte er als einer der
größten Herrscher in die Weltgeschichte einzugehen. Das alles aufs
Spiel zu setzen, konnte man nur einem zumuten, der selbst bismarck=
schen Geistes gewesen wäre.

Aber auch wenn der Kaiser nur diesen Plan abgelehnt und im
übrigen mit oder selbst ohne Bismarck dessen Politik fortgesetzt hätte,
wäre er nach meiner und andrer Leute Überzeugung heute noch
deutscher Kaiser.

Wie aber die Dinge lagen, bewirkten Bismarcks Mahnungen, die
doch nun einmal in sich selbst den schärfsten Tadel enthielten, im
Lauf der Zeit das Gegenteil von dem, was sie sollten. Bismarck und
der alte Kaiser hatten einen Schatz hinterlassen, der unvergleichlich
wertvoller war als das Geld im Juliusturm, ein unbegrenztes Ver=
trauen im deutschen Volk. Es konnte auf die Dauer nicht vorhalten,
aber die ersten Stöße hat ihm Bismarcks Gegnerschaft zum Kaiser
gegeben, und den allerschwersten der dritte Band der Gedanken und
Erinnerungen, diese furchtbare Anklage aus dem Grabe.

Es gibt ein Element in allem großen und kleinen Geschehen, für
das ich keinen Namen habe als: Die Ironie des Weltgeistes. Sie

wirkt im kleinen erheiternd, im großen erschütternd. Natürlich ist sie nur für solche da, die ein Organ für das Leise und Heimliche haben. William Shakespeare wußte von ihr.

Wie bei Bismarcks Geburt die Sonne zu den Planeten stand, mußte er wollen und handeln, wie er gewollt und gehandelt hat, und er, dessen Wollen und Vollbringen gewaltiger war als das irgendeines Menschen seines und manches andern Zeitalters, hat viel dazu beigetragen, daß ein an sich selbst und wohl noch mehr in seiner Anschauung nichts weniger als nebensächlicher Teil seines Werkes keinen Bestand hatte.

Bismarck hat immer ein starkes Gefühl dafür gehabt, daß alles menschliche Tun am Ende doch nur wirkt, was es nach Gottes Ratschluß wirken soll; an diese Fügung hat er wohl nie gedacht.

..... Seite 118

Ein andres Kapitel ist aber der Weltkrieg. Es ist bekannt, daß Napoleon am Sarge des großen Friedrich zu seinem Gefolge gesagt hat: Wenn der noch lebte, ständen wir nicht hier! Das Wort paßt, mit den sich von selbst ergebenden Änderungen, auf unsere Feinde im Weltkrieg und Bismarck.

Wie Bismarck darüber gedacht hat, daß sein alter Freund und Kampfgenosse Moltke sich von ihm trennte, weiß ich nicht. Sicherlich hat er schwer darunter gelitten. Auch der Gewaltige, der Europa umgestaltet hatte, erfuhr das Schicksal des lange Lebenden, er vereinsamte. Er hat bei Gelegenheit einer Huldigung geäußert, es wäre nicht schön, so alt zu werden. Als Umstehende ihm zuriefen, sein Alter wäre doch herrlich, hat er in seiner schlichten Art gesagt: „Nein, es ist nicht schön." Das kurze Wort hat den Klang der Echtheit.

Die Gattin starb. Es wurde gesagt, seitdem hätte Bismarck seine Gesundheit vernachlässigt. Vielleicht ist das eine Erfindung, vielleicht war es nur die natürliche Folge davon, daß sie nicht mehr da war, deren Leben nur in der Sorge für ihn bestanden hatte. Seine Tochter hat ihn liebend betreut, und Herbert und Wilhelm waren ihm gute Söhne, aber die Gattin konnten sie nicht ersetzen.

Es war nicht so, daß Bismarck seine Tage in wehmütigem Gedenken an die dahin Gegangene und an versunkene Zeiten verbracht hätte. Dazu war die Welt, die sein Geist umfaßte, zu reich und vielgestaltig, und sein Temperament zu stark. Auch im höchsten Alter war Bismarck heute nicht, der er gestern gewesen war. Kein Genie, auch kein nur genialer Mensch bringt es fertig, sein Denken und Fühlen sich immerdar um einen Schmerz bewegen zu lassen.

Es fehlte in Friedrichsruh nicht an Gästen, und Bismarck entzückte jeden durch seine Liebenswürdigkeit und seine glänzende Unterhaltungsgabe. Allerdings kam es vor, daß etwa ein junger Forstassessor das Herrenhaus in dem erhebenden Gefühl verließ, er müsse Bismarck wohl ausnehmend gut gefallen haben, nichts ahnend, daß Bismarck eben fragte: „Wer war denn eigentlich der Kerl?"

Bismarcks Einsamkeit war nicht die gewollte des großen Menschenverächters in Sanssouci, nicht zu reden von dem im Grunde selbstischen Klosterleben Karls des Fünften. Schon sein tiefes Bedürfnis nach Liebe unterscheidet seine von diesen Einsamkeiten, mit denen ein Vergleich an sich nahe liegt.

Einsamkeit war es nun aber, trotz alledem.

Ich besitze ein kleines Bild, das ich zuweilen betrachte, nie ohne Ergriffenheit. Es ist der Alte im Sachsenwald, wie er einsam auf einer Bank neben alten Buchen sitzt, einfach gekleidet, ein tiefer Ernst in den Zügen. Es ist, als ob das Auge, anders als sonst auf den Bismarckbildern, eine Ferne hinter dem Gegenwärtigen sähe. Zu seinen Füßen liegen seine beiden riesigen Doggen, eine im Schlaf, er muß schon lange so gesessen haben. Wie das Bild zustande gekommen ist, weiß ich nicht, es ist bezwingend echt. Müßig zu fragen, welchen Gedanken Bismarck nachhängt. Das eine läßt sich sagen:

Wenn es letzte Dinge sind, dann ergeht er sich nicht in spekulativen Betrachtungen, eher sinnt er, keineswegs das erstemal in seinem Leben, dem Flüchtigen und Nichtigen alles Irdischen nach.

Eines Morgens fand Bismarck unvermutet eine der beiden Doggen verendet. Er stieß einen Weheruf aus und schluchzte lange.

Das Bild des weinenden Bismarck ist zum Weinen. Welche tiefe innere Einsamkeit verrät dieser Jammer, weil ihn sein treuer Hund verlassen hat, ihn, dessen Heim zu einem Wallfahrtsort der Nation geworden war!

Ich lege neben das Bild des einsamen Alten im Sachsenwald ein andres Bismarckbild, eins, das ich sonst nirgends gefunden habe, ein Brustbild mit der Unterschrift: Herr von Bismarck, preußischer Gesandter beim Bundesrat in Frankfurt am Main, 1856. Ein prachtvoller Kopf, ein Aristokrat durch und durch, stolz bis zum Hochfahrenden, sehr männlich, aber auch sehr kultiviert, ein Blick, vor dem es kein Verstellen gibt. Man möchte diesen Mann gern zum Freunde und sehr ungern zum Feinde haben.

Zwischen den beiden Phasen liegt ein Leben so sieghaft, wie es die Götter nur ganz selten einem Sterblichen gewähren, und alle Siege durch eigene Kraft errungen, wenn auch Bismarck selbst in seiner Bescheidenheit vor Gott gesagt hat: „Es war viel Gnade dabei."

Der Alte im Sachsenwald sieht nicht aus wie jemand, der auf Siegen ausruht.

Wäre es ihm vergönnt gewesen, mit dem frommen Wort von der Weltbühne abzutreten, so hätte er sein Leben in Frieden beschließen können. Er konnte seine Gedanken und Erinnerungen, die nun, so monumental das Werk als Ganzes ist, stellenweise etwas Bruchstückhaftes haben, in Muße verfassen, und nicht in der Haltung eines Fechters, der beständig auf der Hut ist, abwehrt, verteidigt, ausfällt. Er konnte seine Stimme erheben, so oft es ihm nützlich erschien, und sie wurde in der Welt gehört. Das wurde sie ja auch jetzt, aber in andrer Art, als sie gehört wäre, wenn er sich in Frieden zurückgezogen hätte.

Wie Bismarck in der Welt als Meister in der Staatskunst angesehen wurde, dafür ist außer anderem bezeichnend, daß ihn der große chinesische Staatsmann Li Hung Schang besucht hat, um seinen Rat einzuholen.

Das friedliche Alter war ihm nicht vergönnt. Ich kann den Gedanken nicht abweisen, auch hier wäre sein eigener Genius am Werke gewesen.

Goethe meint, ehe der Mensch stürbe, müßte er wieder ruiniert werden, deshalb legten ihm die Dämonen zuletzt unüberwindliche Hindernisse in den Weg. Das ist natürlich nicht für Müller und Schulze gesagt, Goethe hat an Napoleon gedacht. Auch hier ist es, als hätte er Bismarck vorausgeahnt. Ihm hatte es an Hindernissen nie gefehlt, aber das waren immer solche gewesen, die er überwinden konnte. Gegen die Absetzung gab es keinen Widerstand.

Bismarck hatte früher gebetet, sein unbändiger Trotz möchte von ihm genommen werden. Das Gebet konnte nicht erhört werden. Die gigantischen Kämpfe der früheren Jahre erforderten den Trotz der Titanen. Später hatte sich das geändert, aus dem Trotz war ein begreifliches, ein selbstverständliches Machtgefühl geworden. Es war

Otto von Bismarck
als preußischer Gesandter
beim Bundesrat in Frankfurt a. M. 1856

. . . Seite 119

wohl metaphysisch notwendig, daß sich der Titanentrotz noch einmal gewaltig aufbäumte, ehe er sich endlich niederlegte.

Nach den ersten Zeiten, wo er sich in seinem Groll allein gelassen fühlte, stimmten ihn die überwältigenden Kundgebungen seines Volkes sanfter, seine Reden atmeten mehr und mehr die schöne Ruhe höchster Altersweisheit. Der große Mensch wurde nun, was er nicht hatte sein wollen und was niemand geflissentlich wird, ein harmonischer Mensch. Wundervoll ist in diesen Reden die Einfachheit, sie lasen sich manchmal so, als hätten das andre Leute auch sagen können, aber dann offenbarten sie sich immer als kostbare Altersweisheit eines Großen.

Im Januar 1894 schickte ihm der Kaiser eine Flasche von ältestem Rheinwein aus den kaiserlichen Kellern. Ich für mein Teil finde darin nichts Geschmackloses. Unser deutscher Rheinwein ist von allem Trinkbaren und Eßbaren das einzige, das ich edel nenne, und Bismarck hat ihn immer als Kenner gewürdigt. Ein Geschenk von einem in Geld auszudrückenden Wert hätte sich nicht geziemt, es war eine hübsche Aufmerksamkeit, daß der Kaiser ein erlesenes Stück vom edelsten Gewächs deutschen Bodens sandte. Bismarck dankte in den Formen, die er dem Kaiser gegenüber niemals außer acht gelassen hatte. Die Versöhnung war in aller Form geschlossen, die besten Deutschen atmeten auf. Was sie hofften, erfüllte sich allerdings nicht, den Rat Bismarcks wollte der Kaiser nicht hören. Bei einem Besuch in Friedrichsruh, auf dem ihn außer Männern seiner Umgebung auch Moltke begleitete, lenkte er das Gespräch auf andre Dinge, sobald Bismarck von Politik zu sprechen versuchte. Es wurde beobachtet, daß Moltke in stiller Verzweiflung gen Himmel blickte.

Der achtzigste Geburtstag war ein Festtag der Nation, den das deutsche Österreich mitfeierte. Wer ihn bewußt erlebt hat, wird den Tag nie vergessen. In der Nacht flammten Feuer auf den Bergen.

Das deutsche Volk schuldete dem Gründer des Reiches Dank. Er hat niemals ein andres Ziel verfolgt als das Heil der Nation, wie er es verstand, und er verstand es immer so, wie es zu der gegebenen Zeit richtig war. Das deutsche Volk hat ihm aber m e h r gegeben, als es schuldig war, seine Liebe.

Welche klägliche Gestalt bildete daneben der Deutsche Reichstag, der seinem Schöpfer ausdrücklich den Glückwunsch zum achtzigsten Geburtstag verweigerte! Das Echo war der Zorn aller guten Deutschen und die Verachtung der anständig denkenden Ausländer, allen voran der Engländer, die ihre großen Männer immer zu ehren gewußt haben. Auch der Kaiser, das darf nicht unerwähnt bleiben, fand sehr kräftige Ausdrücke für die Schmach, die doch schließlich dem deutschen Namen angetan war.

Freilich, an der Zusammensetzung des Reichstages änderte sich nichts wesentliches. Wie das möglich war, darüber ließe sich nicht nur ein Buch, Bände ließen sich darüber schreiben. Wenn der alte Kaiser Wilhelm unter Mittag an dem sogenannten historischen Eckfenster des Schlosses die täglichen spontanen Huldigungen entgegen zu nehmen hatte, kam es vor, daß er verdrießlich sagte: „Und nachher gehen sie hin und wählen freisinnig oder sozialdemokratisch!"

Ein wirkliches Ausruhen, ein echtes otium cum dignitate war Bismarck aber auch jetzt nicht beschieden. Die Versöhnung mit dem Kaiser blieb äußerlich und mußte es bleiben. Es gab nichts, wo Bismarck und der Kaiser einander finden konnten außer in der großen

Politik, und da war Bismarck deutlich gezeigt, daß sein Rat nicht gewünscht wurde.

Er hatte gesagt, das Reich würde nach seinem Tode zusammenbrechen, wenn so weiter regiert würde. Ob es richtig ist, daß er gesagt hat, zwanzig Jahre nach seinem Tode, weiß ich nicht, das wäre dann eine echte Prophetie gewesen.

Es wurde so weiter regiert, und die Sorge um die Zukunft des Reiches, um das Bestehen seines Lebenswerkes hat Bismarck nie verlassen.

Auch hier waltet eine sonderbare Ironie des Schicksals. Die düsteren Voraussagen Bismarcks wurden von uns, seinen Anhängern, keineswegs mißachtet, aber in ihrem ganzen Ernst haben wir sie nicht begriffen. Wir rechneten damit, daß dem deutschen Volk Ungemach und Rückgang auf allen Gebieten drohe, aber an eine Katastrophe dachten wir nicht entfernt. Vielleicht gab es nur einen in Deutschland, der das Bismarckreich als solches in Gefahr sah, das war Bismarck.

Ein Angestellter Bismarcks hat kürzlich eine Schilderung veröffentlicht, die ich nicht gelesen habe. Sie gibt nach den Ankündigungen ein Bild, an das ich nicht im ganzen glaube. Gewiß kann Bismarck immer verschieden gesehen werden. Daß er plattdeutsch mit seinen Arbeitern in Wald und Feld gesprochen hat, ist richtig. Es mag auch immerhin sein, daß er an Bierabenden für ein mannhaftes Trinken gesorgt hat. Nur glaube ich nicht, daß diese Züge den letzten Jahren die Farbe gegeben haben. Bismarck ist 1898 gestorben, je ferner eine Vergangenheit liegt, desto heller wird sie im Erinnern. Auch hat er sicherlich Angestellten seine düsteren und schwer=

mütigen Stimmungen nicht merken lassen, wie das auch andre Leute zu halten pflegen.

Körperliche Beschwerden, unter denen er sein Leben hindurch gelitten hatte, nahmen im Alter zu. Im Jahr 1897 stellte Schwenninger Altersbrand fest.

Wenn ein Bismarck auch nicht zu den Witwern gehören konnte, die sich als halbe Menschen fühlen und nur noch die Vereinigung mit der Vorangegangenen herbeisehnen, so mußte er doch der treuen Gefährtin nachtrauern, dem einzigen Begleiter auf seinem langen und mühevollen Weg, der niemals irre an ihm geworden war, und er mußte trotz aller Liebe der Tochter die Fürsorge derer vermissen, die den Menschen mit seinen Gewohnheiten und Bedürfnissen kannte wie niemand sonst. Es konnte wohl nicht anders sein, als daß er in so mancher Stunde eben doch der einsame Alte im Sachsenwald war.

Da sind vier Briefe an die Schwester:

Am 9. Juli 1894: Mich verlangt nach einem Wohnraum, den ich nur im Sarge zu verlassen brauche, und nach Einsamkeit.

Am 19. Dezember 1894: Ich beklage die räumliche Trennung, die unser Lebenslauf über uns verhängt hat. Das Gleiche ist der Fall mit meinen Söhnen... Marie ist bei mir als liebende Tochter, aber doch nur als Anleihe... Was mir blieb, war Johanna, der Verkehr mit ihr, die tägliche Frage ihres Behagens, die Bestätigung der Dankbarkeit, mit der ich auf 48 Jahre zurück blicke. Und heut ist alles öde und leer... Aber Liebe und Anerkennung im Volk habe ich mich vier Jahre hindurch gefreut, weil sie sich darüber freute.

Am 16. Juni 1895: Das Glück in unserm Alter besteht in erster Linie in Gesundheit, und die meine bröckelt rapide ab.

Am 17. November 1897: Chrysander hat Dir meinen Zustand doch zu rosig geschildert... Du mußt es deshalb verzeihen, wenn ich Dir nicht eigenhändig antworte, sondern mich dafür Rantzaus Feder bediene.

Auch der Zweifel hat ihn sicherlich immer noch angewandelt. Er hat einmal gesagt, er habe mit seinem Lebenswerk niemand glücklich gemacht, weder sich noch seine Angehörigen. Ob er damit ganz recht gehabt hat, weiß ich nicht. Zum Teil wird es so gewesen sein. Die Gattin hätte ihn lieber ganz für sich, sie hätte ihn lieber als gesunden Gutsherrn gehabt. Der Sohn eines großen Mannes zu sein, ist eher ein Danaergeschenk als eine Gabe der Glücksgöttin. Die mag allenfalls für den lebensfrohen, von keinem Ehrgeiz gehetzten Sohn Wilhelm gewesen sein, schwerlich für den hochstrebenden, wie mir scheint, asthenischen Herbert.

Die Dämonen aber haben Bismarck in den letzten Jahren verlassen, er wurde reif zum Sterben. Der Meister Eckard sagt, Gott nimmt den Menschen, wie er ihn findet.

Am 28. Juli 1898 hatte er noch in der alten Frische an der Mittagstafel gesessen. Gegen Abend stellten sich heftige Schmerzen ein, er legte sich ins Bett. Die Tochter, die im Zimmer nebenan saß, hörte ihn beten. Es war ein echt bismarcksches Gebet, ganz menschlich, ganz gläubig. Er betete, Gott möchte ihn von seinen Schmerzen erlösen oder zu sich nehmen. Dann betete er für seine Angehörigen und endlich für sein Volk. Es war sein Friedensschluß mit der Welt, man darf sagen, mit Gott. Ein tief gläubiger Christ war er immer gewesen. Nun war er nicht mehr der Gewaltige der Erde, alles Vergängliche war ausgelöscht, er war ganz das Geschöpf Gottes, das sich vertrauend seiner Gnade übergibt.

In der Tragödie Bismarck bildet das Gebet für sein Volk auf dem Sterbelager die Katharsis.

Am Abend des 30. Juli wurde der erste Teil seines Gebetes erfüllt, der edle Geist wurde heimgerufen.

Als Goethe in Italien die Nachricht vom Tode des großen Friedrich erhielt, schrieb er seinen Freunden in Weimar: Wie gern ist man still, wenn ein so Großer von der Erde geschieden ist!

Ohne Zweifel hat es nirgends in deutschen Landen an solchen gefehlt, die an dem Tag eine große Erschütterung still in sich ausklingen ließen, aber wir waren eben - still. Zu merken war nichts von einer allgemeinen Erschütterung oder auch nur Ergriffenheit. Die Menschen gingen ihren Geschäften und ihrem Vergnügen nach wie sonst. Bei den Ästheten war der Tod Bismarcks eine Sensation. Der achtzigste Geburtstag war ein Festtag der Nation gewesen, der Tod wurde kein Trauertag. Einen Lebenden feiern und einen Gestorbenen betrauern sind eben zwei sehr verschiedene Dinge.

Sehr groß war aber die Wirkung der Kunde in der ganzen Welt. Es war, als ob die Uhr der Weltgeschichte einen Augenblick aussetzte.

Bemerkenswert ist, daß französische Zeitungen den Degen vor dem großen Gegner senkten, sie erkannten an, daß Bismarck seit dem Krieg von 1870 Europa den Frieden gewahrt hat. Bemerkenswert ist aber auch, daß gewisse deutsche Zeitungen Bismarck nach wie vor als den Blutmenschen und Napoleon als den Heilbringer hinstellten. Sehr geschickt machte seine Sache hinwiederum der Zeichner eines sozialdemokratischen Witzblattes, das sich „Der wahre Jakob" nannte. Auf einem Bild sah man Bismarck eine Straße heransteigen, die von einer Gasse durchquert wurde. Rechts und links in dieser lauerten ein Jesuit und ein Teufel, bereit, als Höllengeister über ihn her zu fallen. Auf einem zweiten Bild war die große Gestalt in ihrer imperatorischen Ruhe zu der Gasse gekommen, rechts und links aber rissen Teufel und Jesuit aus. Das konnte man auffassen, wie man wollte.

Die Unentwegten haben ohne Zweifel gedacht: Er war der ärgste Teufel und Jesuit! Andre spürten die Reverenz, und die hat der Zeichner sicherlich für seine Person gemeint.

Die Ästheten im Lande hielten sich zurück. Später las man hier und da ein Bedauern, auch wohl ein Achselzucken, daß Bismarck der ästhetische Sinn gefehlt habe.

Ich habe nichts gegen die Ästheten, sie gehen mich nichts an. Hier aber fällt mir doch eine recht enge Begrenztheit auf, und das im Ästhetischen selbst. Goethe sagt, und das ist wohl eigentlich eine Selbstverständlichkeit, daß der wesentliche Gegenstand aller Kunst und Dichtung der Mensch ist. Wer an einer Gestalt wie Bismarck den ästhetischen Sinn vermißt, dessen Ästhetik reicht nicht an ihr höchstes, an die große Persönlichkeit heran.

In Frankfurt hat Bismarck, anders als alle anderen Diplomaten, Künstler und Schriftsteller zur Geselligkeit in seinem Hause herangezogen. Daß man daraus auf ein nahes Verhältnis zu den Künstlern zu schließen habe, glaube ich nicht. In den Briefen an die Gattin spricht er mit Verachtung von den Diplomaten in Frankfurt. Er wird die Gesellschaft von Künstlern und Schriftstellern anregender gefunden haben, wie er sich ja auch im Landtag gern zu seinen Gegnern auf der Linken gesetzt hat.

Eine marokkanische Gesandtschaft überbrachte ihm in Friedrichsruh einen riesengroßen Teppich, sicherlich ein Wunderwerk, für das reiche Liebhaber ein Vermögen geben würden. Vor dem Herrenhaus wurde ein Gerüst gebaut und der Teppich ausgespannt, und nun sollte ihn Bismarck bewundern. Er stand eine Weile schweigend davor und sagte schließlich: „Wer soll denn den klopfen?"

... aber ein Gedanke, der richtig ist, kann auf die Dauer nicht niedergelogen werden

Bismarck

Das war echt bismärckisch, verrät aber allerdings einen für den Ästheten betrüblichen Mangel an Kunstverständnis. In seinen Wohn=
räumen wollte er sich behaglich fühlen, Sinn für die sogenannte Wohnkultur hatte er offenbar nicht.

Ich muß gestehen, daß ich mir einen Bismarck, der sich in die Fein=
heiten eines Werkes des Kunstgewerbes vertieft hätte, nicht vorstellen kann. Das paßt nicht zu ihm. Herrlich finde ich aber dies Un=
bekümmerte. Es fällt ihm nicht ein, wie es andre Hochgestellte ge=
tan hätten, eine bedeutende Äußerung von seinen Lippen schallen zu lassen, er zeigt unbekümmert, daß ihm das Verständnis abgeht.

Von Keudell hat er sich Beethovensche Sonaten vorspielen lassen. Sie haben ihn im tiefsten ergriffen; nach der sogenannten reinen Musik hat er offenbar nicht gefragt, die Töne mußten etwas in ihm anrühren.

Eigenartig ist sein Verhältnis zur Dichtung. In jungen Jahren waren Shakespeare und Byron seine Lieblingsdichter, später sind, wie man aus den Briefen schließen kann, englische Lyriker dazu ge=
kommen. Er hat aber auch einmal geäußert, der Wortlaut ist mir nicht erinnerlich, von den vielen Bänden Goethe wüßte er mit zwei Dritteln nichts anzufangen, mit dem andern Drittel könnte er es Jahre lang auf einer einsamen Insel aushalten.

Es versteht sich von selbst, daß man das nicht wörtlich zu nehmen hat. Er hat sich eben auch einmal wie andre Leute ein Leben fern von der Welt, allein mit guten Büchern und der Natur geträumt und hätte das noch weniger als andre Leute ausgehalten. Wir Menschen des Westens ertragen es nicht auf die Dauer, uns nur

aufnehmend zu verhalten, und wir wollen die angebliche oder wirk=
liche Ruhe des Ostens doch ja den Asiaten überlassen.

Es zeigt sich aber, daß Bismarck von Hause aus ein Leser war,
der Ansprüche stellte und einen sehr persönlichen Geschmack hatte.

Darin ist insofern eine höchst merkwürdige Änderung eingetreten,
als er in späteren Jahren die Tragödie und damit Shakespeare, den
ihm ohne Zweifel am nächsten wahlverwandten Dichter abgelehnt hat.
Er hat zu der Tochter seines Freundes Keyserling bei einem Besuch
im Jahr 1868 gesagt: „Wie, Sie lieben Tragödien? Da sieht man
gleich, daß Sie eine Dame sind, denn Damen sind schadenfroh und
haben immer Vergnügen an dem Unglück anderer."

Man ist geneigt, die Bemerkung scherzhaft zu nehmen, und zur
Hälfte wird sie das auch gewesen sein, es sieht Bismarck nicht ähn=
lich, einer Dame gegenüber, zumal wenn sie bei ihm zu Gast war,
eine so böse Bemerkung über ihr Geschlecht und sie persönlich zu
machen. Nun hat aber Keudell, der zugegen war, eingewandt, nach
Aristoteles sollte die Tragödie Furcht und Mitleid erregen und da=
durch die Leidenschaften reinigen, und Bismarck hat „ganz wild" er=
widert: „Ja, Furcht und Mitleid empfinde ich so sehr, daß ich im
Theater gleich den Bösewicht an den Hals kriegen möchte. Es regt
mich viel zu sehr auf, denn ich habe keine Freude an Grausamkeiten."

Auch hier ist Bismarcks Wesen wie das jeder starken Persönlich=
keit im tiefsten einheitlich. Wie die Töne, so mußte auch das Wort
ein Menschliches in ihm anrühren, wenn es ihm etwas bedeuten
sollte. Die Zitate englischer Dichter in den Briefen an die Braut und
Gattin sind immer unverkennbar Ausdruck der Stimmung, auch wo
sie auf den ersten Anschein kaum etwas mit dem Inhalt des Briefes

zu tun haben. Die Tragödie rührte ganz gewiß das Menschliche in ihm an, aber sie tat es zu stark, er nahm, nach einem goethe'schen Ausdruck, einen fast pathologischen Anteil an dem Edeln, der dem Bösen unterliegt, wie das ja in der shakespeareschen Tragödie durchweg der Fall ist.

Ich muß bekennen, daß ich das Gefühl Bismarcks sehr wohl verstehe, auch ich nehme diesen heftigen Anteil an den Gestalten der Dichtung. Bei mir steht aber die Stärke des Anteils im umgekehrten Verhältnis zu dem Wert des Gelesenen. Bei der ganz großen Dichtung wird er aufgezehrt durch die Hingabe an die Stunden der tragischen Erschütterung, die mir außer der Tragödie auch unter anderm Romane wie die Leiden des jungen Werther und Gottfried Kellers Romeo und Julie auf dem Dorf, auch Gedichte wie Goethes Braut von Korinth gegeben haben, Feierstunden des Lebens.

Es ist mir undenkbar, daß einem Bismarck das Organ für das Pathos der echten Tragödie von Hause aus gefehlt haben sollte. Dann hätte ja auch Shakespeare nicht sein Dichter sein können. Als ein Schluß aus dem Gegenteil läßt sich anführen, daß er die Hohlheit des wildenbruch'schen Pathos entgegen der herrschenden Meinung unmittelbar erkannt hat.

Wie läßt sich der heftige, unverkennbar echte Ausbruch der Ab=
neigung gegen die Tragödie erklären? Wirkte vielleicht auch hier
das alles innere und äußere Geschehen durchziehende Element der
Polarität? Bedurfte vielleicht der Träger einer so großen Rolle in
dem überlebensgroßen Drama Weltgeschichte, dessen Inhalt für ihn
ein pausenloses Kämpfen war, für seine Muße einer friedlicheren
Welt als der des Dramas, dessen Wesen ja bekanntlich der Kampf
ist? Vielleicht war diese Polarität auch in dem großen Friedrich wirk=
sam, der ja von keiner andern Dichtung als von der kalten fran=
zösischen wissen wollte.

Bismarck war ja nicht ein Staatsmann wie Richelieu, der in welt=
bewegenden Taten kühl bis ans Herz hinan blieb. Seine warme
Menschlichkeit hat schwer unter seiner Aufgabe gelitten. Gleich
einem Christophorus hat er die Bürde seines Amtes leichten Mutes
auf sich geladen, ist wieder und wieder unter ihr zusammengebrochen
und hat sie wieder und wieder, nicht mehr leichten Mutes, auf sich
geladen. Konnte er die beständigen Aufregungen, die ihn zermürbt
haben, noch mit der Furcht und dem Mitleid einer nicht wirklichen
Welt beschweren?

Sicher ist jedenfalls, daß er den in Büchern lebenden Teil seines

Ich bewußt in Ruheſtand geſetzt hat. Das beweiſt ſein Gleichnis von der Forelle. Auch darin hatte es Goethe beſſer. Der konnte ſich ausſuchen, was ihn förderte, nach ſeinem Wort:

> Wenn die Roſe ſelbſt ſich ſchmückt,
> Schmückt ſie auch den Garten,

und alles ablehnen, was ihn nicht anſprach:

> Was euch nicht angehört,
> Müſſet ihr meiden,
> Was euch den Sinn verſtört,
> Dürft ihr nicht leiden!

Bismarck mußte, wie der Gärtner an Bäumen, alle überflüſſigen Triebe abſchneidet, die nicht in Beziehung zu ſeinem Werk ſtehenden Beſtrebungen auf ein ſo geringes Maß beſchränken, daß ſie nur müßige Stunden ausfüllen. Da blieb denn kaum etwas beſtehen außer Weltgeſchichte und Fremdſprachen.

Das Grübeln über Weltanſchauung hat er ein für alle mal abgetan, als er ſich in den Hafen des feſten Glaubens gerettet hatte. In ihm hatte auch das gelegen. Er ſchreibt der Gattin im Jahr 1851, ſeine Weltanſchauung habe viele Wandlungen durchgemacht, und er habe immer die gegenwärtige für die richtige gehalten.

Es war auch nicht ſo, daß er nicht mehr gute Bücher geleſen hätte, aber das war eben im weſentlichen Entſpannung. Nach der Schlacht von Königgrätz ſchreibt er aus Jitſchin an die Gattin: „Schick mir einen Roman zum Leſen, aber nur einen auf einmal!" Es iſt ihm alſo gleichgültig, was er lieſt, er will offenbar nur ausſpannen.

Sonst las er wesentlich die Klassiker, die er schon kannte. Das ist ja keineswegs ein Zeichen von schlechtem Geschmack oder Anspruchslosigkeit, führt aber allerdings nicht weiter. Sein eigenes Urteil bewahrte er sich durchaus, und es war ein gesundes. Der Dichter Ernst von Wildenbruch, damals Rat im Auswärtigen Amt, schickte ihm sein Drama „Der Generalfeldoberst", das aus politischen Gründen an den staatlichen Bühnen nicht aufgeführt werden durfte. Bismarck sagte: „Das ist ja eine unglaubliche Phrasendrescherei; lauter Theaterhelden ohne Fleisch und Blut!" Auch fand er es - ebenfalls mit Recht - unhistorisch, daß die Leute jener Zeit sich in Deutschtümelei ergingen. Er ließ Wildenbruch bestellen, die dem Dichter unentbehrliche freie Meinungsäußerung sei unvereinbar mit den Beamtenpflichten, und da Wildenbruch viel größer sei als Dichter denn als Diplomat, würde ihm die Wahl nicht schwer fallen.

Bezeichnend ist, daß Wildenbruch unverfroren erklärte, er würde den Wink aus Friedrichsruh nicht beachten. Die Sache ist dann eingeschlafen. Wäre sie bekannt geworden, so hätten ziemlich die gesamte Schriftstellerwelt und viele andre Leute im stillen und zum Teil auch in der Presse die Überheblichkeit bei Bismarck gefunden.

Ein glücklicher Umstand war es, daß Bismarck fremde Sprachen mit Neigung studierte, er hat, was gewiß wenige von sich sagen können, zuweilen in Grammatiken zu seiner Unterhaltung gelesen. Ohne seine erstaunliche Begabung für Sprachen hätte er seine Erfolge in der auswärtigen Politik nicht errungen. Es ist bekannt, daß er in Petersburg als einziger von allen ausländischen Diplomaten Russisch gelernt hat. Weniger bekannt ist, was mir vor vielen Jahren von glaubwürdiger Seite erzählt worden ist, wie er Türkisch gelernt hat, als ihm der türkische Gesandte seinen Besuch in Friedrichsruh angekündigt hatte. Er lag nachmittags auf dem Sofa, rauchte seine lange Pfeife und las in einer türkischen Grammatik, nicht ohne sich gelegentlich an der Unterhaltung zu beteiligen. Nach einigen Tagen sagte er: „Nun kann ich es!" Wirklich konnte er sich an der Hand eines Wörterbuches gut mit dem Türken unterhalten. -

Die Genüsse des Lebens bestanden für Bismarck nicht in ästhetischen Freuden, wobei ich die Freude an schöner Natur allerdings nicht zu den ästhetischen rechne, sein Lebensgenuß waren im wesentlichen Jagd, Becher, Tafel und wieder Jagd, diese männlichen, urdeutschen Freuden des Landedelmannes, und man ist versucht zu sagen, auch darin war er überlebensgroß. Er hat an einem Sommerabend den alten Metternich auf seinem Johannesberg am Rhein besucht und den köstlichen Weinen als Kenner gründlich zugesprochen. Dann hat er in der Mondnacht gebadet und sich eine Stunde lang den Rhein hinunter treiben lassen. Welche beneidenswerte Kraft des Genießens in so verschiedenen Formen!

Daß er dabei der in Deutschland nicht eben häufige grazile Geist und ein Meister der Sprache war, dafür war er eben Bismarck. -

In Bismarck war zu viel Mannesnatur, als daß er in jüngeren Jahren unempfänglich für das Element des Weibes gewesen wäre. Damit ging es aber im großen und ganzen wie mit so manchem Guten in der Welt, die Gunst der Frauen kam so spät, daß sie ihm schwerlich etwas Besonderes bedeutete in der Gunst der Deutschen im ganzen. Die Gattin hat behauptet, er hätte immer gehabt, was man Glück bei Frauen nennt. Er hat das bestritten, und man wird ihm nicht unterlegen wollen, das wäre Bescheidenheit oder gar fishing for compliments gewesen. Ehe er sich mit Johanna von Putt= kamer verlobte, hat er sich einen Korb geholt, der ihm das Werben auf lange Zeit verleidet hat. Im Alter freilich flogen ihm die Herzen der Frauen nicht nur als dem Weltberühmten zu, da war er der getreue Eckard, der schon zur Mythe gewordene Alte im Sachsenwald. Auch in den Jahren, als er noch nicht auf der Höhe des Weltruhmes stand, als aber alle Welt sich mit ihm beschäftigte, hätte er freilich ohne Zweifel die Gunst der Frauen genießen können, wenn ihm der Sinn danach gestanden hätte. Dazu genügt ja die Tatsache, daß ein Mann im Mittelpunkt der allgemeinen Aufmerksamkeit steht. Außer dem Flirt mit der Fürstin Orloff hat sich aber Bismarck, der ja immer der treueste Gatte gewesen ist, so viel man sieht, niemals nach der Verheiratung um die Gunst einer Frau bemüht. Eine Dame des Kaiserhofes in Paris hat ihn auf einem Ball zum Tanz geholt. Er hat ein erstauntes Gesicht gemacht, hat mit ihr getanzt, sehr gut, wie sie versichert, und hat ihr eine Blume gereicht, die er im Knopfloch trug: sie möchte sie behalten zum Andenken an den letzten Walzer, den er in seinem Leben getanzt habe. Irgendein Empfinden außer einem gelassenen Erstaunen hat das offenbar nicht in ihm erregt.

Frauen sind im allgemeinen viel mehr Geschöpfe der Gattung als wir Männer uns vorstellen, wobei ich dahingestellt sein lasse, ob die Geschlechter einander sich viel vorzuhalten haben.

Das große Genie hat nichts bei Frauen voraus, wo es dem von ihm Besessenen nicht zum Erfolge verhilft. Wo es nun gar mit einer so gewaltigen Dämonie wie der Bismarcks geladen ist, da ist es den Frauen eher unheimlich. Das Genie, das darf man nicht vergessen, ist eine Anomalie, und eine, die sich die Natur teuer bezahlen zu lassen pflegt, im Fall Bismarck mit einer Pandorabüchse voller körperlicher Leiden, die bei seiner Kraftnatur an sich auffallen müssen.

Anders liegt es mit dem Talent und dem genialen Menschen, der doch kein Genie ist. Solche pflegen bei Frauen unwiderstehlich zu sein. Goethe war nicht ohne eine Dämonie eigner Art, war aber kein dämonischer Mensch, und übrigens hat ihn die Natur in einer sehr ungewöhnlichen Geberlaune zu der von innen heraus leuchtenden auch mit äußerer Schönheit ausgestattet.

Bismarck bezauberte die Frauen, die wohl durchweg nicht ohne einiges Bangen als Gäste des Hauses nach Friedrichsruh kamen, durch seine Ritterlichkeit und seine unbefangene Liebenswürdigkeit. Er hat auch manches gute Wort über die Frau gesprochen, aber hier und da wird auch ein ziemlich schnödes überliefert. Ein scherzhaft grimmiges Wort, das aber doch nicht eben nach Frauenverehrung klingt, berichtet ein Mitarbeiter namens von Brauer, der in Friedrichsruh war, als Herbert von Bismarck sich in Genua infolge eines Fehltrittes beim Besteigen eines Schiffes in ärztlicher Behandlung befand. Die Eltern waren übertrieben ängstlich, übrigens auch wieder ein Zug, den man dem Eisernen nicht zutrauen würde. Ein Beamter brachte Brauer eine Staatsdepesche und war dabei, sie zu entziffern, als die Fürstin zufällig hereinkam. Sie glaubte, die Depesche sei aus Genua, riß sie dem Beamten aus der Hand und stürzte ins Zimmer nebenan zum Fürsten. Gleich darauf kam er zornbebend heraus, weil der Beamte die Staatsdepesche aus der Hand gegeben habe, das verlange ein Disziplinarverfahren. Es gelang Brauer, ihn mit dem Hinweis zu besänftigen, der Beamte habe doch gegen Frau von Bismarck nicht Gewalt anwenden können. Der Fürst sagte schließlich: „Weiberknechte sind schlechte Beamte!" Das war natürlich ein Witz, aber ein grimmiger.

Bismarck übt eine, ich bin versucht zu sagen: dämonische An=

ziehungskraft auf mich nicht am wenigsten wegen des immer Unberechenbaren aus, das sich doch am Ende zum Einheitlichen formt und die überlebensgroße Gestalt bildet, die an einem andern Maß als ihrem eigenen messen zu wollen Torheit ist. Eben noch der überzärtliche Familienvater und im nächsten Augenblick der von seinen Untergebenen gefürchtete, unnachsichtliche, ja überstrenge Vorgesetzte, der freilich die höchsten Ansprüche an sich selbst gestellt hat.

Der französische General von Wimpfen, der wegen der Übergabe von Sedan mit ihm verhandeln mußte, schreibt: „Der Graf Bismarck scheint mir der verführerischste und gefährlichste Mann zu sein, dem man sich gegenüber befinden kann. Ebenso unbiegsam wie der General von Moltke weiß er sich nach Gutdünken verbindlich zu machen oder sich zurückzuhalten, sich versöhnlich oder starr und steif zu zeigen, von der Hoffnung zur Verzweiflung zu treiben, und in den Alternativen, die daraus folgen müssen, alles zu erraten, was er von seinen Gegnern wissen will. Dazu kommt eine Kühnheit, die über nichts erstaunt und vor nichts erschrickt, die ihn persönlich ohne alle Umschweife auf das Ziel, welches er erreichen will, hinweisen läßt, sobald sein durchdringender Geist die Mittel berechnet hat, die zu diesem Ziel führen müssen."

Eindringlicher können das Genie und die Dämonie Bismarcks nicht dargestellt werden.

Ein Engländer hat von ihm gesagt, er wäre ein Elefantenrüssel, dem das Schwerste nicht zu schwer und das Kleinste nicht zu klein wäre.

Das ist in der Form unschön, in der Sache wahr, nur war allerdings Bismarck auch manches andre.

Wenn man ihm übrigens vorwirft, er habe keinen Nachwuchs hinterlassen, so ist es wohl richtig, daß für alle Beamten der Regierung sein Wille das Gesetz des Handelns war. Das versteht sich von selbst. Den Fähigen unter seinen Beamten hat es aber keineswegs an Gelegenheit gefehlt, sich hervorzutun, und es hat nach seinem Abgang genug fähige Staatsbeamte gegeben, wie das ja wohl eigentlich immer der Fall ist. Das Problem ist, die Kräfte zu finden und an die richtigen Stellen zu setzen, und das hat niemand besser verstanden als der große Menschenkenner Bismarck.

Daß er, der sonst nahezu überskeptisch war, sich grade in einem geirrt hat, dem er fest vertrauen und nach menschlichem Gefühl vertrauen durfte, weil er ihn aus dem Schatten ans Licht gehoben hatte, gehört zu der Tragödie Bismarck und geschieht auch in andern Tragödien des Lebens und der Dichtung. Schiller wußte, was er tat, als er den großen Menschenverächter Wallenstein einzig dem Oktavio Piccolomini trauen ließ, den der nüchterne Verstandesmensch Illo durchschaut.

Ich kann die Bemerkung nicht unterdrücken, daß sich auch hier zeigt, wie vieles in der Welt ungetan bliebe, wenn der Mensch die Zukunft voraus wüßte. So stark das Gefühl Bismarcks für seine Pflicht und für sein Volk war, ohne sein ebenso starkes Lehnsmanngefühl hätte er sein Werk nicht vollbracht. Wie sähe es heute in Europa aus, wenn ihm der Weltgeist gezeigt hätte, daß der Enkel seines Königs ihn von sich stoßen würde?

Bismarck und Goethe haben das gemeinsam, daß sie besonders im Alter auf jeden, der sie zum erstenmal sah, einen unauslöschlichen Eindruck machten. Es besteht aber ein wesentlicher Unterschied. So viele auch über ihren Besuch bei Goethe berichtet haben, keinem ist es eingefallen, ihn einfach zu nennen. Das war er eben nicht.

Jules Davre, der im Januar 1871 wegen eines Waffenstillstandes mit Bismarck verhandelte, war „frappiert durch seine Bonhommie, seine Anspruchslosigkeit und Einfachheit".

Kürzlich erzählte mir eine sehr alte, geistig rege Dame, daß sie einmal bei Bismarck zu Tisch geladen war. Er gab an dem Abend ein diplomatisches Herrenessen. Der Haushofmeister, wie ihn die alte Dame nannte, wohl ein Angestellter ähnlich dem englischen Butler, meldete, die Gäste versammelten sich, und der Fürst müsse sich doch umkleiden. Er war ärgerlich, er fand es in dem kleinen Kreise behaglicher und hatte gar keine Lust, sich in Gala zu werfen und den Gastgeber an der feierlichen Tafel zu machen, so gut er das bekanntlich verstanden hat.

Goethe hätte beides gern getan. Man las früher allenthalben die Behauptung, er hätte sein Leben bewußt zum Kunstwerk ge=

staltet. Daß sich manche Leute zu der Behauptung verstiegen, das Leben des größten deutschen Dichters wäre ein vollendeteres Kunstwerk als seine Dichtung, erwähne ich nur nebenbei.

Goethe hat einen so komödiantenhaften Gedanken ganz gewiß nicht gehabt, aber allerdings war er sich des Eindruckes, den er auf jeden Besucher machte, voll bewußt, und er ist ohne Zweifel im Alter darauf bedacht gewesen, vor der Nachwelt eine gute Figur zu machen. Ich verdenke ihm das keineswegs. Fürsten und Könige haben die Pflicht, zu repräsentieren. Goethe nennt man mit Recht den deutschen Dichterfürsten. So gut wie er überzeugt war, daß sein Werk nicht in Äonen untergehen konnte, so gut wußte er, daß er auch als Gestalt viele Geschlechter überdauern würde. Er war es der deutschen Dichtung schuldig, sich der Nachwelt in seiner edlen Gestalt zu hinterlassen.

Inwieweit auch der dauernde Zwang, sich als Bürgerlicher unter Adeligen zu behaupten, sein Wesen geformt hat, ist eine Frage, die niemand beantworten kann.

Ich persönlich muß nun freilich bekennen, daß mir der Stil Bismarcks, der jung und alt unbekümmert er selbst war, lieber ist. Er hat auch auf der Höhe des Weltruhms immer wieder durch die Einfachheit seines Wesens überrascht und erschien doch jedem als der große Mann und vornehme Herr. Die Erklärung ist einfach, er war das eben. Es war von Hause aus die Einfachheit des Landedelmannes aus altem Geschlecht, und sie hat ihn auf den schwindelnden Höhen seiner Laufbahn nie verlassen. Er hat sich freilich auch immer gar nicht am wenigsten als der Herr von Bismarck gefühlt. Man darf behaupten, wenn er bewußt nach seinem Stil gesucht hätte, so hätte er ihn verdorben. Daß er in seinem Amt nicht selten versucht hat, und das immer mit Erfolg, die Menschen durch Liebenswürdigkeit zu gewinnen, hat nichts damit zu tun.

Das gewaltige Pathos dieser Gestalt fühlt jeder, dem nicht das Gefühl für echtes Pathos abgeht. Nur für Bismarck selbst war es nicht da, er hat sich nie pathetisch genommen. Sein liberaler Gegner Bamberger hat von ihm geschrieben: „Er wird den guten Geschmack nie durch pathetische Haltung verletzen. Er gehört nicht zum Geschlecht der Bulletin-Helden, welche glauben, daß man die Welt durch gefühlvolle Redensarten regiert."

Bismarck mußte erleben, wie sein Werk in den Grundfesten er=
schüttert wurde. Er mußte selbst wider Willen dazu beitragen. Er
mußte das, denn er blieb sich selbst, seiner angeborenen Dämonie
und seiner Sendung unterworfen. Es gibt aber auch eine tragische
Ironie von andrer Art.

Nach den glorreichen Jahren des französischen Krieges kamen die
Gründerjahre. Nichts Unbismärckischeres läßt sich denken als dies
Treiben, und doch war es die Folge seiner Politik. Er hatte das zer=
rissene, ohnmächtige Deutschland in ein mächtiges Reich, in das
mächtigste Europas umgewandelt. Mit der Macht kam der Reich=
tum. Gauner, Schmarotzer, Börsenjobber hat es immer gegeben,
aber nun blühte ihr Weizen. Die eigentliche Gründerzeit ging bald
vorüber, nicht aber die Gelegenheiten, schnell und ohne große Mühe,
auch sogar ohne ein großes Risiko wohlhabend und reich zu werden.
Allenthalben gab es Neureiche, deren Anschauungen und Lebensstil
ganz und gar unbismärckisch waren. Niemand führte aber den
Namen Bismarck mehr im Munde als diese.

Es gab freilich Menschen von einer andren Art, die sich nicht ohne
Erfolg auf Bismarck beriefen und ebensowenig eine Spur seines

Geistes hatten, das waren die Schneidigen im Lande, in deren Stammbuch Wilhelm Raabe den Reim geschrieben hat:

Stramm, stramm, stramm,
Alles über einen Kamm!

Ihre Heimat war Altpreußen mit der Provinz Sachsen, sie fanden sich aber in einzelnen Exemplaren allenthalben. Es war eine Niedertracht, daß der bösartige und vertrottelte preußische Leutnant in gewissen Witzblättern eine ständige Figur war. Gegeben hat es die Schneidigen natürlich auch unter ihnen und den Reserveleutnants, sie waren aber Ausnahmen, und es gab sie in allen Ständen. Der bismärckische Preußenstolz wurde bei den Schneidigen zur Verzerrung. Als ich Student war, im Anfang der achtziger Jahre, konnte man erleben, daß einem in einem Gespräch über ein wissenschaftliches Thema entgegengeworfen wurde, die Abgangsprüfung des heimischen Gymnasiums wäre nichts wert, das gäbe es nur in Preußen.

Eine harmlose Spielart der Schneidigen war der Berliner, der zum erstenmal in Köln ist und auf der Rheinbrücke sagt: „Für ne Provinzialstadt 'n janz netter Fluß!" Grade im Rheinland haben die Schneidigen aber das Preußentum auf Jahrzehnte unbeliebt gemacht. Das schneidige Wesen machte sich ja weithin sichtbar, während die ruhigeren Elemente eben ruhig waren.

Zu spaßen war mit Bismarck freilich auch nicht, wenn die Gelegenheit danach war. Es wird im Jahr 1850 gewesen sein, als jemand in einer Bierwirtschaft laut eine pöbelhafte Beleidigung eines Mitgliedes des königlichen Hauses äußerte. Bismarck rief: „Wenn Sie nicht hinaus sind, nachdem ich dies Glas ausgetrunken habe, schlage ich es Ihnen auf dem Kopf entzwei!" Das hat er denn auch getan, so daß der Mensch blutend und heulend zusammenbrach. Bismarck sagte gelassen: „Kellner, wieviel kostet das zerbrochene Glas?"

Bismarck in Friedrichsruh

Im Jahr 1848 rief er die Bauern in der Umgegend von Schönhausen auf, dem König zu Hilfe zu ziehen, und fand sie eifrig bereit. Sein nächster Nachbar erklärte, wenn die Bauern sich wirklich zum Aufbruch anschicken sollten, würde er abwiegeln. Bismarck erklärte, dann würde er ihn niederschießen, und als der Nachbar das nicht glauben wollte: „Ich gebe Ihnen mein Ehrenwort darauf, und Sie wissen, daß ich das halte, also lassen Sie das!"

Ich weiß nicht genau, wie alt er war, aber sicherlich hoch in den sechziger Jahren, da geschah es, daß im Reichstag ein Abgeordneter ihm ein Pfui zurief. Er trat rasch vor und forderte den Rufer flammenden Auges auf, sich zu nennen, er wollte ihn vor die Pistole fordern.

Der Edle nannte sich nicht und tat wohl daran, Bismarck hätte ohne jeden Zweifel geschossen, und ganz gewiß nicht in die Luft.

Auch das ist eine Seite von seinem Wesen, er hat sich nie zu einer leeren Drohung herbeigelassen. Die Welt wußte das. Darum hatten die sogenannten kalten Wasserstrahlen, die er in den siebziger und achtziger Jahren in Gestalt von drohenden Zeitungsartikeln nach Paris sandte, wenn die Kriegshetzer da zu laut wurden, immer Erfolg.

Diese kalten Wasserstrahlen waren natürlicherweise so recht nach dem Herzen der Schneidigen. Aber das war doch eben nur eine Seite in Bismarcks Wesen. Der Mann, der sich in den Landtagssitzungen von 1850 gern zu denen auf der linken Seite setzte, dem auch die wütendsten Gegner in den Konfliktjahren „urbane Formen" zugestehen mußten, hat nichts mit den Schneidigen zu tun, deren schnarrende Sprechweise schon allein genügte, sie unbeliebt zu machen. Dennoch nahmen sie mit Erfolg für sich in Anspruch, Bismarcks echteste Gefolgsmannen zu sein.

Bismarck ist unsterblich, so weit sich das von einem Bewohner dieses Gestirnes, das nach menschlicher Berechnung noch unabsehbare Zeiträume hindurch bewohnt sein wird, sagen läßt. In welcher Gestalt wird er viele Menschen und mehr als ein Volk überdauern?

Fragen wir das Denkmal.

Vielleicht, wer kann es wissen, wird das Hamburger Bismarckdenkmal noch stehen, wenn sonst von den heutigen Bauten in Hamburg kaum noch eine Mauer da sein wird. Fern sei es, den Kunstwert zu bezweifeln. Aber ist der gepanzerte Koloß unser Bismarck? Gemahnt er nicht an Roland den Riesen? Gewiß, auch Bismarck wurde und wird mit Recht der Riese genannt. Allein wo bleibt die schöne Menschlichkeit, die uns den Riesen nahe bringt und liebenswert macht?

Das ist auch nicht der prachtvolle Königstiger, denn der ist geschmeidig.

Es ist ja mit dem Denkmal überhaupt eine problematische Sache. Wer nicht ohnehin dauernd im Gedächtnis des Menschen lebt, dem wird auch das Denkmal nicht dazu verhelfen. Gibt es doch in allen

Großstädten, vielen Mittelstädten, manchen Kleinstädten mehr als ein Denkmal, vor dem der Besucher ratlos steht: „Wer war denn das?"

Ich persönlich muß übrigens bekennen, daß mich in den meisten Fällen der Gedanke anwandelt, der Unsterbliche da oben fühlte sich auf seinem hohen Piedestal gar nicht recht behaglich.

Das wahre Bronzedenkmal ist das Reiterdenkmal, aus neueren Zeiten Gattamelata, Colleoni, der Große Kurfürst. Das Koblenzer Hohenzollerndenkmal wirkt auf jeden Fall dekorativ.

Dagegen aber das Denkmal der beiden Dichterdioskuren in Weimar, das ich freilich nur in der Abbildung kenne! Es ist ohne Zweifel geistreich im Gedanken und herrlich in der Ausführung; aber ist nicht das Ganze doch allzu lyrisch für die Bronze?

Ein edler Geist kann wohl in einem armseligen und formal häßlichen Körper leben, wo er aber nicht erkennbar durchschimmert, da glaube ich nicht an ihn.

Die Gestalt Bismarcks eignet sich vortrefflich zum Reiterdenkmal. Den getreuen Keudell gemahnte er im Feldzug 1866 an „kindliche Vorstellungen aus der fernen Urzeit", wie er im grauen Mantel auf seinem riesengroßen Fuchs hoch aufgerichtet da saß und die großen Augen unter dem Stahlhelm glänzten. Nur eben die großen Augen vermag die Bronze allerdings nicht zu geben. Ist Bismarck ohne sie noch Bismarck?

Seine Züge atmen auf den Bildern und Büsten im allgemeinen mehr Kraft als Feinheit. Ich sah aber vor Jahren im Privatbesitz eine Marmorbüste, die mich an das Wort Plutarchs über Cäsar denken ließ, er sei zuletzt ganz Geist geworden. Das lebendige Auge freilich vermag auch der Marmor nicht wieder zu geben.

Ohne alles Wenn und Aber herrlich, leider aber vergänglicher als Bronze und Marmor sind Lenbachs Bismarckbilder.

Liest man die Sachsenchronik des Mönches Widukind, so erscheinen die alten Sachsenkaiser nicht silbern, wie Goethe die Gestalten der Vorwelt sah, sondern eisern. Hier und da ist es, als zuckte in dem starren Erz eine warme Menschlichkeit auf, aber gleich sieht man wieder nur den gewaltigen Herrscher, den man bewundert, ohne sein Menschentum zu fühlen.

Ist Bismarck dasselbe Los beschieden? Uns ist er lebendig und zugleich ein Symbol. Wird er späten Geschlechtern ein Mythos sein?

Werden sie das Hamburger Denkmal aus dem Schutt von vielen Jahrtausenden ausgraben und ihre Forscher fragen: „War das ein Götze, oder sahen die Menschen einmal so aus?"

Werden sie vor dem Denkmal stehen und sich sagen: So wird er ausgesehen haben, der große Hausmeier der Hohenzollern, den sie entlassen haben, als er ihnen zu mächtig wurde?

Wird sich die Vision Fontanes erfüllen, wird in ferner Zukunft, wenn auch das Grabmal verschwunden sein wird, eine lustige Schar junger Leute den Sachsenwald mit Lachen und Singen erfüllen, bis ein Besinnlicher unter ihnen sagt:

„Lärmt nicht so,
Da unten liegt Bismarck irgendwo?"

Auch die Tragödie Bismarck endet, wie alles Irdische, mit einer Frage. Was kein Ende hat, das gehört nicht dieser Welt an.

Uns Lebenden aber beschwöre ich noch einmal den Geist unsres größten Dichters:

Der Mann, der zur schwankenden Zeit auch schwankend gesinnt ist,
Der vermehret das Übel und breitet es weiter und weiter.
Aber wer fest auf dem Sinne beharrt, der bildet die Welt sich.

Dies ist unser! So laßt uns sagen und es behaupten!

Bismarcks letzte Unterschrift

Anhang

Aus Bismarcks „Gedanken und Erinnerungen"

Die Emser Depesche

„Ich entschloß mich, am 12. Juli von Varzin nach Ems aufzubrechen, um bei Sr. Majestät die Berufung des Reichstags behufs der Mobilmachung zu befürworten. Als ich durch Wussow fuhr, stand mein Freund, der alte Prediger Mulert, vor der Tür des Pfarrhofes und grüßte mich freundlich; meine Antwort im offenen Wagen war ein Lufthieb in Quart und Terz, und er verstand, daß ich glaubte, in den Krieg zu gehen. In den Hof meiner Berliner Wohnung einfahrend und bevor ich den Wagen verlassen hatte, empfing ich Telegramme, aus denen hervorging, daß der König nach den französischen Bedrohungen und Beleidigungen im Parlament und in der Presse mit Benedetti zu verhandeln fortfuhr, ohne ihn in kühler Zurückhaltung an seine Minister zu verweisen. Während des Essens, an dem Moltke und Roon teilnahmen, traf von der Botschaft in Paris die Meldung ein, daß der Prinz von Hohenzollern der Kandidatur entsagt habe, um den Krieg abzuwenden, mit dem uns Frankreich bedrohte. Mein erster Gedanke war, aus dem Dienst zu scheiden, weil ich nach allen beleidigenden Provokationen, die hervorgegangen waren, in diesem erpreßten Nachgeben eine Demütigung Deutschlands sah, die ich nicht amtlich ver=

antworten wollte. Dieser Eindruck der Verletzung des nationalen Ehrgefühls durch den aufgezwungenen Rückzug war in mir so vorherrschend, daß ich schon entschlossen war, meinen Rücktritt aus dem Dienste nach Ems zu melden.

Ich hielt diese Demütigung vor Frankreich und seinen renommistischen Kundgebungen für schlimmer als die von Olmütz (Preußens durch Österreich, 1850), zu deren Entschuldigung die gemeinsame Vorgeschichte und unser damaliger Mangel an Kriegsbereitschaft immer dienen werden. Ich nahm an, Frankreich werde die Entsagung des Prinzen als einen befriedigenden Erfolg eskomptieren in dem Gefühl, daß eine kriegerische Drohung, auch wenn sie in den Formen internationaler Beleidigung und Verhöhnung geschehen und der Kriegsvorwand gegen Preußen vom Zaune gebrochen wäre, genüge, um Preußen zum Rückzuge auch in einer gerechten Sache zu nötigen, und daß auch der Norddeutsche Bund in sich nicht das hinreichende Machtgefühl trage, um die nationale Ehre und Unabhängigkeit gegen französische Anmaßung zu schützen. Ich war sehr niedergeschlagen, denn ich sah kein Mittel, den fressenden Schaden, den ich von einer schüchternen Politik für unsere nationale Stellung befürchtete, wieder gutzumachen ohne Händel ungeschickt vom Zaune zu brechen und künstlich zu suchen. Den Krieg sah ich schon damals als eine Notwendigkeit an, der wir mit Ehren nicht mehr ausweichen konnten. Ich telegraphierte an die Meinigen nach Varzin, man sollte nicht packen, nicht abreisen, ich würde in wenigen Tagen wieder dort sein.

Ich glaubte nunmehr an Frieden; da ich aber die Haltung nicht vertreten wollte, durch welche dieser Friede erkauft gewesen wäre, so gab ich die Reise nach Ems auf und bat Graf Eulenburg, dorthin zu reisen und Sr. Majestät meine Auffassung vorzutragen. In gleichem Sinne sprach ich auch mit dem Kriegsminister von Roon: wir hätten die französische Ohrfeige weg und wären durch die Nachgiebigkeit in die Lage gebracht, als Händelsucher zu erscheinen, wenn wir zum Kriege schritten, durch den allein wir den Flecken abwaschen könnten. Meine Stellung sei jetzt unhaltbar und das eigentlich schon dadurch geworden, daß der König den französischen Botschafter unter dem Drucke von Drohungen während seiner Badekur vier Tage hintereinander in Audienz empfangen und seine monarchische Person der unverschämten Bearbeitung durch diesen fremden Agenten ohne geschäftlichen Beistand exponiert habe. Durch diese Neigung, die Staatsgeschäfte persönlich und allein auf sich zu nehmen, war der König in eine Lage gedrängt worden, die ich nicht vertreten konnte; meines Erachtens hätte Se. Majestät in Ems jede geschäftliche Zumutung des ihm nicht gleichstehenden französischen Unterhändlers ablehnen und ihn nach Berlin an die amtliche Stelle verweisen müssen, die dann durch Vortrag in Ems oder, wenn man dilatorische Behandlung nützlich gefunden, durch schriftlichen Bericht die Entscheidung des Königs einzuholen gehabt haben würde. Aber bei dem hohen Herrn, so korrekt er in der Regel die Ressortverhältnisse respektierte, war die Neigung, wichtige Fragen persönlich zwar nicht zu entscheiden, aber doch zu verhandeln, zu stark, um ihm eine richtige Benutzung der Deckung zu ermöglichen, mit der die Majestät gegen Zudringlichkeiten, unbequeme Fragestellung und Zumutung zweckmäßigerweise umgeben ist.

Daß der König sich nicht mit dem ihm in so großem Maße eigenen Gefühl seiner hoheitsvollen Würde der Benedettischen Aufdringlichkeit von Hause aus entzogen hatte, davon lag die Schuld zum großen Teil in dem Einfluß, den die Königin von dem benachbarten Koblenz her auf ihn ausübte. Er war 73 Jahre alt, friedliebend und abgeneigt, die Lorbeeren von 1866 in einem neuen Kampfe auf das Spiel zu setzen; aber wenn er vom weiblichen Einfluß frei war, so blieb das Ehrgefühl des Erben Friedrichs des Großen und des preußischen Offiziers in ihm stets leitend. Gegen die Konkurrenz, welche seine Gemahlin mit ihrer weiblich berechtigten Furchtsamkeit und ihrem Mangel an Nationalgefühl machte, wurde die Widerstandsfähigkeit des Königs abgeschwächt durch sein ritterliches Gefühl der Frau und durch sein monarchisches Gefühl einer Königin und besonders der seinigen gegen=

über. Man hat mir erzählt, daß die Königin Augusta ihren Gemahl vor seiner Abreise von Ems nach Berlin in Tränen beschworen habe, den Krieg zu verhüten im Andenken an Jena und Tilsit.

Ich halte die Angabe für glaubwürdig bis auf die Tränen.

Zum Rücktritt entschlossen trotz der Vorwürfe, die mir Roon darüber machte, lud ich ihn und Moltke zum 13. ein, mit mir zu drei zu speisen, und teilte ihnen bei Tisch meine An- und Absichten mit. Beide waren sehr niedergeschlagen und machten mir indirekt Vorwürfe, daß ich die im Vergleiche mit ihnen größere Leichtigkeit des Rückzuges aus dem Dienste egoistisch benützte. Ich vertrat die Meinung, daß ich mein Ehrgefühl nicht der Politik opfern könne, daß sie beide als Berufssoldaten wegen der Unfreiheit ihrer Entschließung nicht dieselben Gesichtspunkte zu nehmen brauchten wie ein verantwortlicher auswärtiger Minister. Während der Unterhaltung wurde mir gemeldet, daß ein Ziffertelegramm, wenn ich mich recht erinnere, von ungefähr 200 Gruppen, aus Ems, von dem Geheimrat Abeken unterzeichnet, in der Übersetzung begriffen sei. Nachdem mir die Entzifferung überbracht war, welche ergab, daß Abeken das Telegramm auf Befehl Sr. Majestät redigiert und unterzeichnet hatte, las ich dasselbe meinen Gästen vor, deren Niedergeschlagenheit so tief wurde, daß sie Speise und Trank verschmähten.

Ich machte von der mir durch Abeken übermittelten königlichen Ermächtigung Gebrauch, den Inhalt des Telegramms zu veröffentlichen, und reduzierte in Gegenwart meiner beiden Tischgäste das Telegramm durch Streichungen, ohne ein Wort hinzuzusetzen oder zu ändern, auf die nachstehende Fassung:

„Nachdem die Nachrichten von der Entsagung des Erbprinzen von Hohenzollern der kaiserlich französischen Regierung von der königlich spanischen amtlich mitgeteilt worden sind, hat der französische Botschafter in Ems an Seine Majestät den König noch die Forderung gestellt, ihn zu autorisieren, daß er nach Paris telegraphiere, daß Se. Majestät der König sich für alle Zukunft verpflichte, niemals wieder seine Zustimmung zu geben, wenn die Hohenzollern auf ihre Kandidatur wieder zurückkommen sollten. Seine Majestät der König habe es darauf abgelehnt, den französischen Botschafter nochmals zu empfangen und demselben durch den Adjutanten vom Dienst sagen lassen, daß seine Majestät dem Botschafter nichts weiter mitzuteilen habe."

Der Unterschied in der Wirkung des gekürzten Textes der Emser Depesche im Vergleich mit der, welche das

Original hervorgerufen hätte, war kein Ergebnis stärkerer Worte, sondern der Form, welche diese Kundgebung als eine abschließende erscheinen ließ, während die Redaktion Abekens nur als ein Bruchstück einer schwebenden und in Berlin fortzusetzenden Behandlung erschienen sein würde.

Nachdem ich meinen beiden Gästen die konzentrierte Redaktion vorgelesen hatte, bemerkte Moltke: „So hat das einen andern Klang, vorher klang es wie Schamade, jetzt wie eine Fanfare in Antwort auf eine Herausforderung." Ich erläuterte: „Wenn ich diesen Text, welcher keine Änderungen und keinen Zusatz des Telegramms enthält, in Ausführung des Allerhöchsten Auftrags sofort nicht nur an die Zeitungen, sondern auch telegraphisch an alle unsere Gesandtschaften mitteile, so wird er vor Mitternacht in Paris bekannt sein und dort nicht nur wegen des Inhalts, sondern auch wegen der Art der Verbreitung den Eindruck des roten Tuches auf den gallischen Stier machen. Schlagen müssen wir, wenn wir nicht die Rolle des Geschlagenen ohne Kampf auf uns nehmen wollen. Der Erfolg hängt aber doch wesentlich von den Eindrücken bei uns und anderen ab, die der Ursprung des Krieges hervorruft; es ist wichtig, daß wir die Angegriffenen seien, und die gallische Überhebung und Reizbarkeit wird uns dazu machen, wenn wir mit e u r o p ä i s c h e r Öffentlichkeit, soweit es uns ohne das Sprach=

rohr des Reichstags möglich ist, verkünden, daß wir den öffentlichen Drohungen Frankreichs furchtlos entgegentreten."

Diese meine Auseinandersetzung erzeugte bei den beiden Generalen einen Umschlag zu freudiger Stimmung, dessen Lebhaftigkeit mich überraschte. Sie hatten plötzlich die Lust zu essen und zu trinken wiedergefunden und sprachen in heiterer Laune. Roon sagte: „Der alte Gott lebt noch und wird uns nicht in Schande verkommen lassen." Moltke trat so weit aus seiner gleichmütigen Passivität heraus, daß er sich, mit freudigem Blick gegen die Zimmerdecke und mit Verzicht auf seine sonstige Gemessenheit in Worten mit der Hand vor die Brust schlug und sagte: „Wenn ich das noch erlebe, in solchem Kriege unsere Heere zu führen, so mag gleich nachher die alte Karkasse der Teufel holen." Er war damals hinfälliger als später und hatte Zweifel, ob er die Strapazen des Feldzuges überleben würde . . . ."

www.ingramcontent.com/pod-product-compliance
Lightning Source LLC
Chambersburg PA
CBHW021356300426
44114CB00012B/1255